MATERIALS INFORMATION

Prologue

건축의 새로운 태동, IoT로 열다

과거 삼성전자와 LG전자에 근무하는 두 연구원 가족이 함께 거주할 주택을 설계하고 감리한 적이 있다. 두 가족 모두 연구원이다 보니 체계적이고 꼼꼼한 요청사항이 많았다. 그중 하나가 당시로선 다소 생소했던 자동제어 시스템, 즉 IoT에 관한 것이었다.

전기·전자제품을 제어하는 플랫폼과 관련 기기 간의 관계를 설명 들으며 매우 흥미로웠다. 깔끔한 디자인 속에서 유무선으로 연결된 기기들이 실시간으로 건물의 온도, 습도, 빛 환경을 제어하고 방범까지 수행하는 모습을 보며, 마치 집이 스스로 생각하고 움직이는 살아있는 존재처럼 느껴졌다. 이러한 시스템은 인공지능과 결합되어 더욱 정교해질 것이고, 그 발전을 건축가로서 새롭게 배워야 할 영역으로 인식하게 된 계기가 됐다.

공간을 전자기기를 통해 기계적으로 제어하는 방식은 건축의 본질적인 요소는 아니지만, 이제는 공간에 이미 깊이 스며든 현실인 동시에 미래의 일상이다. 기술은 시대와 함께 변화한다. 사고의 틀도, 공간을 바라보는 시각도 달라지고 있다. 오래된 것을 고집하는 것만으로는 한계를 넘을 수 없는 시대에 신기술은 분명한 새로운 흐름을 만들어낸다.

공간을 구현하는 방식은 이전보다 훨씬 다양하고 유연해졌으며, 이를 인식하지 못한다면 건축은 구태에 머물 수밖에 없다. 이제는 전통 위에 새로움을 더할 줄 알아야 한다. 온고지신(溫故知新), 오래된 것에 대한 이해를 바탕으로 새로운 시대의 방향을 읽고 직시하는 자세가 필요하다.

제어 기술과 정보 전달 방식은 눈부시게 발전해 왔고 그 응용 또한 매우 다채롭다. 이제는 건축이 기술과 마주하는 방법을 고민할 때다. 지금 『GARM』 속에 머물러 있는 이 건축의 논의가 진화하는 기술과 접점을 이루고, 새로운 형태의 공간으로 확장되며 사람들과 더 깊이 소통할 수 있는 시점을 상상해 본다.

그 변화는 이미 시작됐다. 기존의 방식에서 벗어날 시간은 가까워지고 있다.

-
2025년 4월
발행인 윤재선

발행 배포_ 에잇애플㈜
First published and distributed by 8apple ltd.

GARM magazine

에잇애플 주식회사
06580 서울특별시 서초구 서래로6 B102
T: 02-537-1536
E-mail: info@8apple.kr
garmmagazine.com
◎ garm_magazine
❶ garmssi

감25 사물인터넷
GARM ISSUE 25
IoT (Internet of Things)

초판 1쇄 인쇄 2025년 4월 11일
초판 1쇄 발행 2025년 4월 15일

발행인_ 윤재선
편집장_ 박지일
에디터_ 구자영, 김현경 | 객원 에디터_ 박소정
디자인_ 그래픽스튜디오베이스

발행처_ 에잇애플(주)
출판등록 2017. 4. 14.(제2017-000078호)
ISBN 979-11-89485-26-9

※
이 책은 저작권법에 따라 보호받는 저작물이므로 무단전재와 무단복제를
금지하며, 이 책 내용의 일부 또는 전부를 이용하려면 반드시 사전에
저작권자와 출판권자의 서면 동의를 받아야 합니다.

All rights reserved. No part of this publication may be reproduced,
stored in a retrieval system, or transmitted in any form or by any
means, electronic, mechanical, photocopying, recording, or
otherwise, without prior consent of the publisher.
Printed in Seoul, South Korea

GARM

감25
사물인터넷

GARM ISSUE 25
IoT (Internet of Things)

garmSSI

1
THEORY AND GENERALIZATION

16
Intro
빌딩 브레인: 건축 IoT의 시대

22
About
제어, 사물에 생명이 깃드는 시작점: IoT를 중심으로

26
Glossary
개념 및 용어: 제어하기를 이해하기

32
Learn
적용: AI가 학습하는 제어의 방식

36
Mapping
데이터가 시나리오로 완성되기까지

Contents

2
SYSTEM & DEVICE

40
Parts
IoT를 구성하는 핵심 요소:
센서, 레이더, 컨트롤러

44
Protocol
사물간 소통 방식:
무선 통신의 표준과 절차

48
Device
IoT 디바이스: 원리 및 종류

3
REPORTAGE

54
Customize
AIoT가 완성하는 스마트 홈:
아카라라이프

60
Stability
시간을 쌓아 첨단을 걷다: 융

4
PROJECT

70
Control
기술이 사람에게 자연스러워질 때:
삼성물산 Bynd

78
Smart
기술은 공간을 어떻게 바꾸는가:
아주디자인그룹의 실험

86
Permeate
보이지 않는 기술 IoT가 바꾸는 일상:
양주 <하우스 산>

96
Alternative
주거 공간의 새로운 선택지:
IoT가 그리는 스마트 홈

102
Platform
주거 관리 생태계를 통합하는 플랫폼:
홈닉(Homeniq)

108
Community
입주부터 생활까지 하나로 연결하는:
자이홈

114
Public
공공 차원에서 실현하는 스마트 홈:
홈즈

118
Hospitality
열린 공간에서 시작되는 고유한 경험:
LG전자

Contents

5 ISSUE

126
Trend
IoT 기술로 혁신하는 건설 시장:
빅테크 기업의 선점 경쟁

130
Security
데이터로 예측하는 보안

134
Forecast
보이지 않는 건축재료의 혁신:
스마트 시티를 조율하는 AIoT

6 PRODUCT

140
Experience
국내 IoT 체험 공간 10

146
Supplement
IoT 업체 정보

1

THOERY AND GENERALIZATION

Intro

빌딩 브레인: 건축 IoT의 시대

전통적 건축물이 인간의 직접적 개입에 전적으로 의존하는 물리적 구조물이었다면, 두뇌를 지닌 건축은 이제 스스로의 상태를 진단하고 쓰임새를 유추해 인간에게 대응책을 제시하기 시작했다. 사실 한 발짝 더 들어가 보면 건축은 바이오 시스템을 비롯한 모든 부분에서 준비를 마치고 두뇌라는 지휘관을 기다리던 사이보그cyvorg 같다고 할 수 있다. 이제 두뇌까지 갖게 되며 활성화율을 끌어올리고 있는 건축의 미래, IoT의 마당에서 IoB Internet on Buildings의 공간으로 건너가 보자.

- 글 현창용

건축, 신체, 유기체

건축물은 우리의 신체와 꽤나 닮았다. 시스템의 관점에서 보자면 사실 닮았다는 말로도 부족할 만큼 유사한 순환체계를 가지고 있는데, 어쩌면 우리의 삶이 건축물과 함께 영위되어야 하는 만큼 건축의 시스템이 신체의 시스템을 닮아갈 수밖에 없었을지도 모르겠다.

건축물의 하중을 지탱하고 대지에 존립하게 해주는 건축물의 구조체는 우리의 뼈와 근육과 닮았다. 뼈가 골격을 구성하고 근육은 뼈대에 붙어 그 힘을 유지하게 한다면, 건축물의 구조체 역시 정확히 그 역할을 수행한다. 골격과 근육이 신체의 각 부분을 정의하고 구분한다면, 뒤따라 구조체에 의해 정리된 건물의 각 공간과 공간에는 우리 신체의 신경계, 소화계의 역할이 요구된다. 방과 방 사이 통신이 가능하게 하거나 국부에서 발생한 화재 등의 자극을 전체에 전파하는 통신계는 우리 몸의 신경계와 유사하다. 신체의 구석구석으로 펴져 있으면서 피부 자극, 시청각 자극 등을 두뇌로 전달해 각 자극에 대응하는 반응을 끌어내는 신경계와 같이, 건물 전체에 퍼져 있는 전기와 통신체계는 건물의 각 공간에서 발생하는 현상을 모니터링하고 컨트롤타워에 보고하는 시스템이다. 또한, 깨끗한 물을 마시고 온몸에 수분을 공급한 후 노폐물을 합성해 배출하는 물의 순환계통은 건축물의 배관계통과 닮았다. 심지어 외기를 들이고 공기질을 조절해 내부에 공급하고, 묵은 공기는 빨아들여 내보내는 공조 시스템은 들이마시고 내뱉는 찰나에 벌어지는 우리의 호흡기 체계와 동일하게 작동하고 있다.

이쯤 되면 건물은 곧 하나의 몸이다. 다른 점은 단 하나, 건물은 각 시스템의 작동을 위해 각 관리자가 많은 절차를 거치고 오랜 시간을 들여 내건 의사결정에 따라 운영됐던 반면, 우리 신체는 그 복잡한 모든 시스템이 일원화된 지휘체계 아래 일사불란하게, 그리고 지체 없이 동시에 작동한다는 점이다. 건물이 신체가 되지 못했던 유일한 이유는 바로 그 지휘관인 '두뇌'의 존재 여부다. 위에서 짚어본 바와 같이 건축의 각 부분은 이미 유기체의 일부가 될 준비가 되어 있고, 그 지휘관을 기다렸을 뿐이며, 최근의 IoT 기술은 건물에 두뇌를 심는 실험을 해가는 듯하다.

Internet of Things, Internet of Buildings

온전한 몸이 되기 위한 건축물의 무한도전, 그 선두에 선 IoT 두뇌 이식술의 실험. 'Things'를 넘어 'Buildings'를 탐하는 이식술의 성공 사례에는 어떤 것들이 있을까? 건축부터 도시에 이르기까지, 우리나라를 비롯한 세계 곳곳에서 실험은 이어지고 있다. 네덜란드의 <디 엣지The Edge >는 스마트 빌딩을 논할 때 가장 먼저 대두될 만큼 대중적인 IoT 적용 건축물로 2015년에 개관했지만 아직도 적수가 없을 정도로 세련되고 유기적인 체계를 보여주고 있다. 오피스 빌딩인 디 엣지는 사용자 중심, 즉 사무 환경의 최적화에 있어 IoT 기술의 첨단을 적용하고 있는데, 성과 중심의 적용을 위한 적용이 아닌 사용자 개개인과 호흡하며 피드백을 주고받는 '빌딩 컨트롤 어시스턴트Building Control Assistant'의 면모를 보여준다. 사무 공간의 특징은 사용자가 일과시간의 대부분을 보내는 재실 공간이라는 점인데, 디 엣지는 빌딩 전체에 설치된 무려 28,000개의 센서가 습도, 자연채광, 온도, 공기질 데이터를 수집해 최적의 환경을 만들어 내고 이를 유지하기 위해 끝없이 모니터링하고 있다. 우리 몸 곳곳을 뒤덮은 감각계통이 인체가 스스로를 가장 편안한 상태로 유지하게 하는 것처럼, 단 하나의 건물에 적용된 28,000개의 감각점은 건물의 미시적인 환경까지도 조절해 낼 뿐 아니라 사용자가 스마트폰 앱으로 개별 공간도 제어할 수 있는 피드백 시스템까지 갖추고 있다. 센싱 시스템 구축을 위한 초기 투자 비용은 적지 않았지만, 이러한 스마트 시스템 덕분에 동일 규모 타 오피스 빌딩 대비 30%의 에너지만으로도 유지된다고 하니, 비싸게 탄생한 디 엣지의 생애주기 전체를 돌아본다면 남아도 너무 남는 장사가 아닐까.

네덜란드 암스테르담에 위치한 <디 엣지>. 현재 Deloitte 사옥으로 사용 중이다.

건축을 넘어 도시 전체를 하나의 유기체로 만들기 위한 노력은 싱가포르가 주도하고 있다. 싱가포르가 2014년부터 주기적으로 업데이트해 발표하고 있는 「스마트 네이션 이니셔티브SNI, Smart Nation Initiative」(이하 SNI)를 살펴보면, IoT의 건축적 적용을 시발점으로 도시 전체가 물리적, 경제적, 사회적, 환경적 유기체가 될 수 있을 것이라는 밑그림이 그려진다. SNI는 IoT 기술을 통해 스마트 도시, 스마트 국가로 변모하려는 싱가포르의 장기적인 전략이다. 그중 스마트 빌딩 및 인프라 전략을 살펴보면, 도시 내 모든 건물과 인프라에 스마트 기술을 적용해 에너지 효율 시스템, 자동 폐기물 관리 시스템, 유지보수, 보안을 실시간으로 관리하는 것을 목표로 하고 있다. 물이 절대적으로 부족하다는 싱가포르의 특성을 고려해 '스마트 센서 플랫폼'을 구축, 2018년부터 전국에 센서가 포함된 스마트 수도 계량기를 보급해 실시간으로 전국의 물 사용량을 모니터링하고 누수를 감지한 것이 그 예다. 나아가, 스마트 센서 플랫폼의 일환으로 2023년에는 공공주택에 거주하는 독거노인을 위한 개인 알람 버튼을 보급해 노인복지센터에서 데이터를 모니터링할 수 있음은 물론, 구조대와의 양방향 통신시스템으로 즉각 연계되게 함으로써 안전 도시의 면모를 갖췄다. 이외에도 수많은 스마트 빌딩, 스마트 시티 솔루션을 국가적 전략으로 시행함으로써 싱가포르는 IoT 기술과 데이터를 활용해 국가 전체를 스마트 시티로 바꾸기 위한 노력을 지속하고 있다. 이는 도시의 진일보뿐 아니라 국가의 주력 산업체계가 미래 시대를 향하게 하는 중요한 계기가 되고 있다.

건축, 기술로 짓고 쓰다

건축은 언제나 최신 기술의 각축장이었다. 진흙으로 벽돌을 빚어 단위재료의 명확함을, 석회를 개어 회반죽으로 면의 순결함을, 시멘트와 철근의 찰떡궁합으로 건축 영역의 확장을, 철골로 속도와 정확도를 만들어 냈다. <디 엣지>의 사례에서처럼, 오늘날의 기술은 과거의 물리적 구축을 넘어 건축물의 탄생에서부터 그 삶의 전 생애주기에까지 폭넓게 적용되는 중이다. 탄생, 즉 건물을 지어낼 땐 건설 자동화, 로보틱스, 디지털 트윈 등의 IoT 기술을 통해 건설 현장의 효율성과 안전성을 극대화하고 있고, 생애, 즉 건물의 운영에 있어서는 실시간 모니터링을 통한 공조HVAC 에너지 절약, 유지보수 비용 최적화, 경험 다양화(공기, 조명, 온도 등의 사용자화)를 제공하면서 더 똑똑하고 더 효율적인 생을 살아가고 있다.

건축이 점(点), 가로가 선(線), 도시가 면(面)이 되는 과정에서, 스마트 건축, 스마트 네트워크, 스마트 시티로 진화하며 기술로 이어진 직물과 같은 사회 공간의 구축, 아울러 그 구축을 넘어 운영 과정에서 축적된 데이터가 스마트함에 깊이를 더할 것임은 자명하다. 이는 새로운 시대의 새로운 기술 앞에서 빠르게 전환되고 있는 건축의 가치를 돌아보게 한다. 유목의 임시거처에서 정주의 거점으로, 나아가 미학의 대상으로까지 진화해 온 건축의 가치는 외기와 외부 위협으로부터의 1차적 보호, 농경과 산업 거점으로서의 2차적 진지, 아름다움과 재료의 탐닉 심지어 권력과 공공성의 표현 수단으로서의 3차적 표상체로 이어져 왔다. 이제 이를 넘어 4차적 가치, 즉 더 적은 자원을 투입해 더 큰 효과를 거두는 효율성의 가치경쟁으로 전환되는 듯하다. 그리고 그 효과는 단순히 에너지절약을 넘어 설계, 시공의 단계에서 시작해 건축의 전 생애주기를 관통하는 기술의 작동과 함께 경쟁력을 심화하고 있다.

새로운 기술과 새로운 가치의 전개 앞, 건축가는 또 다른 과제에 마주한다. 기술의 개념적, 물리적 이해, 기술과 건축의 융합 능력, 설계와 시공 및 운영 단계에서 클라이언트 및 사용자 요구에 부합하기 위한 기술의 활용 능력 등이 그것이다. 건축이 기술을 받아들이는 과정에서 건축가의 역할 역시 수용적 수정을 거치는 것은 당연하겠지만, 이를 위한 인적, 제도적 뒷받침 역시 기민하게 이루어져야 하겠다. 건축가뿐 아니라 대중에게도 IoT 기술의 혜택이 그저 아낌없이 주는 나무만은 아닐지 모른다. '두뇌'에 문제가 생긴 우리의 신체를 떠올려 본다면 그 부작용은 짐작되고도 남는다. 스마트 시스템의 해킹과 과부하 다운으로 건물 전체의 보안과 제어 기능이 일순간 셧다운shut down되었을 때의 혼란, 완공된 후 회수될 이득에도 불구하고 초기 투자 비용의 과도화로 말미암은 적용의 허들과 그 편차로 인한 양극화, 특히 데이터 프라이버시data privacy, 즉 거주자와 사용자의 초상은 물론 생활 패턴과 행위들이 데이터화되며 생길 사회적, 윤리적 문제들도 아직 예측 불가하다. '편의'를 위한 많은 수단이 '고의'를 만나 빚어진 문제들을 경험했던 우리에게, 이런 불안 요소들은 기술 도입에 대한 열린 마음가짐을 더디게 할지도 모르겠다. 다만, 늘 변화의 고비를 지혜를 모아 이겨냈듯 기술의 부작용 또한 개선되어 갈 것이고, 그 끝에 기어코 우리 사회의 공간환경에 긍정적인 변화의 길을 열어주게 되리라 믿는다. 그 길 위에, 건축과 IoT의 긍정적이고 생산적인 콜라보레이션이 이어지길 기대해 본다.

현창용
중앙대학교 건축학부 교수이자 건축가. 대학에서 건축공간이론/디자인연구실을 이끌며 설계와
이론을 가르친다. Architects H2L의 대표 건축사로 활동하며 폭넓은 범위의 프로젝트를 이어 왔다.
한국건축문화대상 본상(국무총리상), 한국리모델링건축대전 대상(국토부장관상)을 수상했다.

About

사물에 생명이 깃드는 시작점, 제어:
IoT를 중심으로

기술은 인간의 환경을 변화시키며 연결의 가능성을 새로이 열어가고 있다. 그중에서도 사물인터넷은
무생물인 사물에 지능을 부여하며, 사물과 인간 간의 소통을 가능하게 한다. 건축도 예외가 아니다. 건물이
스스로 학습하고 환경에 적응하며 사용자와 상호작용하는 시대가 열리고 있다. '제어'라는 개념을 통해
건축이 단순한 공간을 넘어 살아 숨 쉬는 존재로 변모하는 과정을 살펴보자.

글 **윤종록**
에디터 **구자영**

인간의 오감, IoT의 센서

인간이 다양한 정보를 받아들이는 창구는 오감(五感)이다. 그리고 두뇌에서 판단 후 다음 동작을 준비하는 것이다. 오감이 정확히 작동해야 정확한 정보를 만들고 정확한 판단을 내릴 수 있다. 이와 마찬가지로 IoT의 출발선에는 다양하고 정확한 센서가 자리하고 있다.

인간		IoT
오감	센서	센서 활용 사례
눈	카메라용 광 센서, 가·감속(도플러Doppler) 센서	자율주행 자동차, 스마트 CCTV, 안면 인식 기술 등
귀	마이크용 초음파, 자기장 센서	음성 인식, 자동 번역, 초음파 스피커 등
피부	물리 센서 (온도, 압력, 진동 등)	로봇 손, 야간 투시, 충돌 감지 등
코	화학·바이오 센서	유독가스 감지, 음식 신선도 검사 등
혀	바이오, 적외선, 자외선, 방사능 센서	식품 안전 검사, 유해물질 감지 등

받아들인 정보는 모두 신경망을 통해 두뇌로 모여든다. 분석과 판단은 그렇게 모여든 두뇌에서 이뤄진다. 마찬가지로 컴퓨터에 저장된 AI 알고리즘이나 프로그램된 소프트웨어가 그 역할을 대신한다.

인간		IoT
신경망	데이터 네트워크	센서와 기기 간의 정보를 실시간으로 연결
두뇌	AI 및 소프트웨어	수집된 데이터를 분석하고 저장하며 판단하고 예측

판단 및 예측된 결과치는 손, 발, 입 등을 통해 동작을 수행하거나 말과 글을 통해 반응으로 표출한다. 그리고 원하는 결과를 얻으며 안정적이면서도 최적의 삶을 이어간다.

인간	IoT
손과 발	스마트 로봇이나 공장 자동화 등 인간의 역할 대체
신체 반응	자동 온도 조절, 음성 인식 조명, 스마트 냉장고 등 지능형 도우미
신체 자가조절	다양한 헬스케어 기기를 통해 자동 응급 호출, 혈당 인슐린 조절 등

인간은 면역체계를 통해 외부의 바이러스나 세균을 감지하고 방어한다. IoT도 외부의 공격 등으로부터 지켜내는 사이버 방어체계가 필요하다.

인간		IoT
백혈구	방화벽, AI 기반의 보안체계	해킹 및 악성코드 탐지 차단
면역체계	블록체인 기반의 다양한 인증 시스템	보안 강화

인간은 끊임없이 산소를 공급받고 혈액을 순환시킨다. IoT도 네트워크와 전력 공급이 원활해야 지속적인 생명 유지가 가능하다.

인간		IoT
혈관 및 신경	5G 5세대 이동통신, Wi-Fi 무선 근거리 통신	데이터의 흐름을 막힘 없이 이어줌
에너지 공급	충전기, 무선 충전 기술	IoT 기기가 지속적으로 작동하게 함

센서, 인간의 오감을 뛰어넘다

인간은 다섯 감각기관이 제공하는 정보 외에는 아무것도 감지할 수 없다. 그러나 우리가 탐구해 온 과학 기술은 인간이 감지하지 못하는 다양한 현상을 정확하게 탐지할 수 있게 하며, 표준화된 약속대로 계량화를 거치면 비로소 데이터로 바뀐다. 여기에는 통일된 규칙이 필요하다. 아무리 측정된 현상이라 해도 누구나 알 수 있도록 표현하려면 객관적이고 정확한 표준이 반드시 필요하다. UN 산하 ITU 국제전기통신연합나 여러 공신력 있는 민간 연구소, 기관에서 이 역할을 대행한다. 우리나라가 2014년 ITU 표준화국장을 배출한 것도 이런 맥락에서 큰 의미를 지닌다.

종류	활용 분야 및 예시
압력 센서[1]	스마트 제조, 헬스케어, 자동차, 우주 항공 산업
힘/하중 센서	로봇 팔 동작, 스마트 의료 보조기구, 웨어러블 디바이스
초음파 센서[2]	드론, 정밀 로봇, 의료 영상 분석
전자기장 센서[3]	전력망 감시, 의료 진단, 지질 탐사
방사선 센서	원자력 시설, 우주 탐사, 환경 보호
가속도 센서	차량 간 충돌 방지, VR 기기, 스마트 헬스케어, 스포츠 분석
나노/바이오 센서	분자/원자 이하의 초 미세영역을 감지해 개인 ID 구분

1) 압력 센서: 기압, 유압, 수압 등을 측정하는 센서
2) 초음파 센서: 초음파를 이용해 거리, 속도, 장애물 등을 탐지하는 센서
3) 전자기장 센서: 전기 자기장의 변화를 탐지하는 센서

살아 숨쉬며 소통하는 건축물을 향해

IoT가 촘촘히 적용된 건물은 단순한 공간이 아니라 스스로 생각하고 사용자와 상호작용하며 진화할 것이다. 수동적인 하드웨어보다 능동적인 소프트웨어 기능이 더 중요하게 자리하게 될 것은 자명하다. 자동차로 예를 들어보자. 인도의 저가 자동차 브랜드 타타TATA나 독일의 프리미엄 자동차 브랜드 메르세데스-벤츠Mercedes-Benz나 하드웨어는 모두 비슷해지고 있다. 주된 관심사는 과연 어느 회사의 자동차가 높은 지능을 지니고 있는지다. 건물 또한 마찬가지다. 건축에 쓰인 하드웨어 못지않게 건물의 지능을 높이는 레이스가 시작됐다.

감각을 가지고 반응하는 공간	온도, 습도, 진동, 압력, 형상을 감지하면 사용자가 회의장에 들어서는 순간 자리를 안내하고 선호하는 조명이 켜지며 의자가 편안한 모드로 자동 설정될 것이다.
사용자의 습관 및 행동 학습	커튼을 시간대별로 작동해 자연광을 조절하고, 일정이나 날씨와 연동해 최적의 에너지 절약 모드로 전환하며 사용자의 스트레스 정도에 맞춰 음악이 흐르게 한다.
유연하게 변하는 다목적 공간	스마트 벽체, 투명-불투명 전환 유리, 모션 인식 변형 가구 등을 통해 필요에 따라 실시간으로 공간을 체육관, 영화관, 사무실 등으로 변형한다.
스마트 에너지 건축물	스스로 전기를 생산하고 필요시 이웃과 교환하며 빗물을 순환시키면서 공동사회와 유기적으로 협동할 수 있다.
커뮤니티 밀결합 건축	건물 간의 네트워크가 형성되면 도시 전체가 유기적으로 결합된다. 이를 통해 에너지, 교통 등 공공시설 활용의 효율성을 높이고 긴급상황에도 바로 대처 가능하다.
경험 중시 건물	가상현실, 디지털 트윈Digital Twin 기술을 통해 가상 환경을 만들어 공간의 한계를 무한대로 넓히며 경험과 교육의 시공간적 제약을 극복할 수 있다.

윤종록

박근혜 정부의 창조경제를 입안하고 미래창조과학부를 만들어 과학 기술 기반의 혁신 경제를 주도했다. 또한, KT의 CTO로서 R&D를 선도하여 우리나라가 세계 최고의 ICT 인프라 강국으로 도약하는 데 헌신하여 산업포장을 받았다. 스페인에 본부를 둔 세계미래포럼Future Trend Forum의 정회원으로 활동하며 150명의 전문가와 교류해 오고 있다. 지금은 '데이터 대항해 시대'를 선포하며 KAIST 과학기술정책대학원에서 소프트파워가 강한 나라로 진화하기 위한 패권 전략을 수립하고 있다. 실학자 다산 정약용의 유배 마을에서 태어난 인연으로 소설 『대통령 정약용』을 저술해 대한민국의 실학 21을 설파하고 있다.

Glossary

개념 및 용어:
제어하기를 이해하기

개념

자동화 Automation
제어 기술의 핵심 요소로, 사용자가 직접 조작하지 않아도 시스템이 스스로 판단하고 작동하는 방식을 뜻한다. 일례로 스마트 홈 시스템에서 조명이 정해진 시간에 자동으로 켜지거나 로봇 청소기가 스스로 청소를 시작하는 것은 자동화된 기능이 대표적인 예다. 이러한 기능이 가능해지려면 센서와 소프트웨어가 데이터를 분석하고 조건을 판단해 시스템을 스스로 제어할 수 있어야 한다. 자동화는 이와 같은 원리와 시스템을 포괄하는 개념이다.

연결성 Connectivity
여러 기기가 서로 정보를 주고받으며 함께 작동하는 능력을 의미한다. 스마트폰으로 실내 조명을 켜거나 스피커를 통해 음악을 재생할 수 있는 이유는 기기들이 인터넷이나 블루투스로 연결되어 있기 때문이다. 연결성이 뛰어날수록 유무선 네트워크를 활용해 다양한 장치가 데이터를 신속히 교환할 수 있으며, 이를 통해 제어의 효율성도 높아진다.

확장성 Scalability
제어 시스템은 필요에 따라 장치나 기능을 추가하거나 조정할 수 있어야 한다. 확장성이란 기존 시스템을 크게 변경하지 않고도 쉽게 새로운 기능을 적용할 수 있는 능력을 의미한다. 스마트폰처럼 처음에는 실내 조명만 제어하다가 이후 냉난방 장치나 현관 도어록까지 연결하는 경우라면 확장성이 우수한 시스템의 사례라 할 수 있다. 특히 클라우드 기반의 제어 시스템은 높은 확장성을 갖추기에 유리하다.

IoT에 필연적인 요소가 있다면 '제어'가 아닐까. 제어란 '기계나 설비 또는 화학 반응 따위가 목적에 맞게 작용하도록 조절하는 것'을 의미한다. 그러나 단순히 사용자가 원하는 대로 시스템의 상태를 조정하는 과정만으로 제어의 개념을 모두 설명할 수 있을까. '제어'라는 두 글자가 담고 있는 개념과 핵심 용어를 정리하면 제어의 본질과 활용법을 보다 쉽게 이해할 수 있을 것이다. 날이 갈수록 정교해지는 제어 기술 및 시스템을 이해하는 과정에서 길잡이가 되어줄 개념과 용어를 소개한다.

- 에디터 구자영

실시간성 Real-time Capability
제어 시스템에서는 입력이 주어지면 즉각적인 반응이 요구되는 경우가 많다. 로봇이 컨베이어 벨트 위에서 불량품을 감지해 제거하거나 자율주행 자동차가 앞 차량을 감지하고 곧바로 속도를 조절하는 것이 그러하다. 이렇게 시스템이 즉각적으로 처리하고 동작하는 능력을 실시간성이라 한다. 실시간성이 뛰어난 시스템일수록 빠르게 반응하여 신뢰성이 높아지고, 안전하고 효율적으로 작동한다.

상호 운용성 Interoperability
서로 다른 업체의 장치나 프로그램이 하나의 제어 시스템 내에서 원활히 작동하기 위해서는 상호 운용성이 확보돼야 한다. 스마트폰에서 재생 중인 음악의 음량을 스마트워치로 조절할 수 있거나, 서로 다른 브랜드의 스마트 가전 제품을 앱 하나로 관리할 수 있는 것은 상호 운용성이 존재하기 때문이다. 상호 운용성이 보장될수록 다양한 기기와 시스템 간의 연동이 더욱 원활해진다.

데이터 무결성 Data Integrity
제어 시스템이 올바르게 작동하고 신뢰할 수 있는 결과를 내기 위해서는 정확한 데이터가 필요하다. 즉, 데이터가 손상되거나 변형되지 않고 정확히 유지돼야 한다. 만약 스마트 빌딩의 실내 온도와 공기질 데이터를 관리하는 시스템이 잘못된 정보를 저장한다면, 냉난방 장치나 환기 장치가 부적절하게 작동할 수 있다. 따라서 데이터는 오류 없이 원래 상태 그대로 유지돼야 하며, 데이터 무결성은 이러한 정확성과 신뢰성을 보장하는 중요한 개념이다.

용어

통신 및 네트워크 인프라 관련

제어 시스템에서 장치 간 연결과 데이터 교환을 담당하는 요소에 관한 용어.

프로토콜 Protocol

프로토콜을 한마디로 표현하면 '표준'이라 할 수 있다. 프로토콜은 여러 기기나 시스템이 서로 정보를 주고받을 때 따르는 약속이나 규칙을 의미한다. 우리가 같은 언어를 사용할 때 원활하게 대화할 수 있듯이, 인터넷에서 웹사이트를 불러오거나 여러 스마트 가전제품이 연결될 때에도 프로토콜이라는 정해진 규칙을 따라야 한다. 그 자세한 이야기는 p.44에서 확인하도록 하자.

API

'Application Programming Interface(애플리케이션 프로그래밍 인터페이스)'의 약자로, 서로 다른 소프트웨어나 시스템이 상호작용할 수 있도록 하는 일련의 규칙을 뜻하는 API는 한 시스템이 다른 시스템의 기능이나 데이터를 사용할 수 있도록 연결하는 매개체로서 기능한다. 스마트 빌딩의 제어 시스템에서 엘리베이터, 조명, 공조 시스템 등이 하나의 중앙 관리 소프트웨어를 통해 조작할 수 있는 것은 API 덕분이다. 다양한 제어 장치는 API 덕에 유기적으로 연결되고 효율적으로 작동할 수 있다.

M2M

'Machine to Machine'의 약자인 M2M은 사용자가 직접 조작하지 않아도 기계나 장치끼리 자동으로 데이터를 주고받으며 작동하는 기술이다. 생산 설비가 센서를 통해 온도를 감지한 후 자동으로 냉각 장치를 가동하는 것도 M2M의 사례다.

게이트웨이 Gateway

서로 다른 네트워크를 상호 연결할 때 사용한다. 각기 다른 방식으로 작동하는 네트워크나 기기들이 원활하게 데이터를 주고받도록 돕는다. 예를 들면 스마트 홈에서 LoRa^{저전력 장거리 통신}를 사용하는 실외 온도 센서와 인터넷을 사용하는 중앙 제어 시스템이 연결될 때, 게이트웨이가 중간에서 신호를 변환해 온도 데이터를 정확하게 전달하는 식이다. 또한, 로컬 네트워크와 클라우드 사이에서 가교 역할을 하기도 한다.

라우터Router는 게이트웨이와 유사한 역할을 하는 장비다. 경우에 따라 라우터와 게이트웨이를 동일한 의미의 용어로 보기도 한다.

허브 Hub

여러 장치를 하나의 네트워크로 연결해 데이터를 주고받을 수 있도록 중심 역할을 한다. 다양한 IoT 기기가 하나의 네트워크에 연결되려면 허브가 제어 시스템의 중심이 되어 신호를 모으고 전달해야 한다.

제어 및 운영 환경 관련

하드웨어 및 소프트웨어의 작동 방식과 이를 제어하는 요소에 관한 용어.

펌웨어 Firmware

하드웨어를 제어하고 운영할 수 있도록 하는 기본적인 소프트웨어를 뜻한다. 컴퓨터나 스마트폰의 운영체제OS처럼 자주 변경할 수 있는 프로그램과는 달리, 펌웨어는 기기의 핵심 기능을 조정한다. 일반적으로 하드웨어 내부에 저장되며, 제어 시스템에서 장치가 안정적으로 동작하도록 하는 요소다.

플랫폼 Platform

여러 소프트웨어와 하드웨어가 함께 작동할 수 있도록 만들어진 환경이나 시스템을 가리킨다. 제어 시스템에서 플랫폼은 다양한 장치와 프로그램이 주고받은 데이터를 바탕으로 기기를 제어하도록 돕는다. 특히 클라우드 기반 플랫폼은 데이터를 중앙에서 관리하며 사용자에게 인터페이스를 제공해 손쉽게 시스템을 운영하게끔 한다.

임베디드 시스템 Embedded System

특정 기능을 수행하도록 설계된 시스템으로, 기기에 내장된 형태로 작동한다. 충돌을 감지하고 즉시 작동하는 자동차 에어백 시스템이 임베디드 시스템의 대표적인 사례다.

디지털 트윈 Digital Twin

현실의 사물이나 시스템을 가상 공간에 동일하게 구현하고, 실시간 데이터를 반영해 분석하고 최적화하도록 하는 기술이다. 제어 시스템에서는 장비나 건물의 작동 방식을 미리 시뮬레이션하고 문제를 예측하는 데 활용된다. 실제 환경을 직접 조작하지 않고도 효율적으로 제어할 수 있다. 스마트 빌딩에서는 이 기술을 통해 에너지 사용량을 분석함으로써 최적의 냉난방 운영 방법을 찾아내기도 한다.

허브

데이터 처리 및 분석 관련

데이터를 수집, 분석, 처리해 제어 시스템의 효율성을 높이는 요소에 관한 용어.

머신러닝 Machine Learning

컴퓨터가 방대한 데이터를 분석하고 스스로 학습해 예측이나 결정을 점점 더 정확하게 할 수 있게 하는 기술이다. 제어 시스템에서는 센서나 기기가 수집한 데이터를 머신러닝으로 분석함으로써 장치의 동작을 최적화하거나 자동화된 유지보수 시스템을 구현하는 데 활용된다. 대표적인 사례로는 사용자의 생활 패턴을 학습해 시간대에 맞춰 조명을 자동으로 조절하거나 냉난방 시스템을 최적화하는 것이 있다.

샘플링 Sampling

소리나 영상 같은 아날로그 신호를 작은 조각으로 나눠 디지털 데이터로 변환하는 과정을 가리킨다. 표본화, 표본 추출이라고도 한다. 음악에서 특정 부분을 잘라 새로운 곡에 사용하는 경우, 아날로그 신호를 일정한 순간마다 측정해 숫자로 기록하는 경우 등이 샘플링의 사례다. 샘플링된 데이터는 신호를 더 깨끗하고 안정적으로 보관할 수 있는 만큼 여러 전자 기기에서 쉽게 처리하고 수정할 수 있다.

센서 Sensor

환경 변화를 감지하고 데이터로 변환하는 장치. 온도, 습도, 압력, 움직임 등의 물리적 환경 데이터를 측정해 제어 시스템에 전달한다. 자세한 내용은 p.41에서 본격적으로 다루도록 한다.

엣지 컴퓨팅 Edge Computing

데이터를 중앙 서버나 클라우드가 아닌 장치 자체에서 처리하는 기술이다. 실시간으로 데이터를 분석할 수 있으며, 데이터를 전송하며 발생하는 비용이나 지연 시간을 줄일 수 있다.

클라우드 컴퓨팅 Cloud Computing

인터넷을 통해 데이터를 저장하고 처리하는 기술이다. 중앙의 원격 서버에서 데이터를 저장하고 처리할 수 있어 확장성이 높고, 데이터를 효율적으로 처리할 수 있다. 정보 기술 자원 관리 및 유지보수는 사용자 대신 클라우드 서비스 제공자가 맡아서 진행한다.

Learn

적용:
AI가 학습하는
제어의 방식

건축이 사용자와 호흡하기 시작하는 시점은 언제일까? 형태를 지닌 공간이 사용자의 삶을 이해하고 이에 맞춰 변화할 때, 건축은 비로소 깨어난다. IoT의 핵심 요소인 제어는 그 변화의 시작점이며, 변화의 물결에 AI는 새로운 파장을 가한다. AI가 학습한 데이터와 함께 제어 시스템은 점진적으로 진화한다. 그 과정에서 건축은 점점 유연해지고, 사용자와의 거리를 좁혀간다.

-
에디터 **구자영**

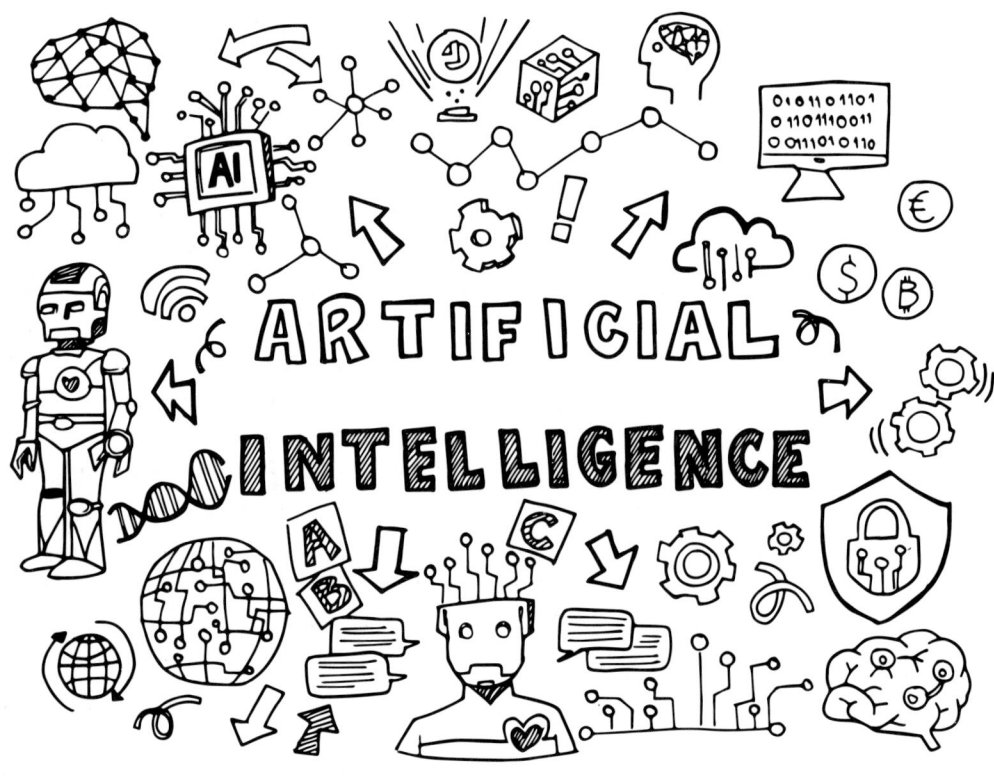

AI와 제어: 학습에서 진화로

현대의 제어는 단순히 시스템을 조작하는 기능적 과정에 머물지 않는다. 나날이 고도화되는 제어의 바탕에는 AI가 자리하고 있다. AI는 사용자 행동과 환경 변화를 실시간으로 수집해 학습하며, 이를 기반으로 최적의 제어 방식을 스스로 찾아간다. 특히 머신러닝Machine Learning과 딥러닝Deep Learning 알고리즘은 사용자의 반복적인 행동과 공간의 조건을 정밀히 분석해 더욱 정교하고 세밀한 제어를 구현한다.

AI 기반 제어 시스템은 다양한 건축 환경에 적용되고 있으며, 병원 같은 헬스케어 시설에서 특히 주목받는다. 이곳에서는 인공신경망Artificial Neural Network, ANN 모델을 활용해 냉난방 시스템과 조명의 효율성을 극대화할 수 있다. AI는 온도, 습도, 풍속, 해수면 기압 등 다양한 데이터를 학습해 실시간으로 에너지 소비량을 예측하고, 공조 시스템을 최적화한다. 특히 병원의 전력 사용량이 상업용이나 교육용 건물 대비 2~3배에 달한다는 점에서 AI 기반의 제어 기술은 효과적인 에너지 절감 방안으로도 충분히 떠올릴 만하다.

조명 제어 또한 AI가 크게 기여하는 분야 중 하나다. 사용자의 생체 리듬과 공간 이용 패턴을 분석해 조명 밝기와 색온도를 자동으로 조정한다. 낮에는 자연광을 최대한 활용하고, 밤에는 사용자 건강을 고려한 최적의 색온도를 제공한다. 이러한 방식은 사용자의 삶의 질을 향상시킬 뿐만 아니라 에너지 효율성을 높이는 데에도 기여한다. 마찬가지로 주거 공간에서도 스마트 홈 시스템이 거주자의 생활 패턴을 학습한 후 냉난방 및 조명 환경을 자동으로 최적화해 사용자 개입 없이 쾌적한 환경을 유지할 수 있다.

데이터 기반 학습: IoT와의 연결

AI 기반 제어의 핵심은 데이터다. 데이터는 IoT 시스템을 통해 수집된다. IoT는 다양한 센서를 활용해 사용자의 움직임과 환경 조건(온도, 조도, 공기질 등), 시간대별 활동 패턴 등의 정보를 지속적으로 수집한다. 그러나 데이터만으로는 충분하지 않다. 핵심은 AI가 그 데이터를 어떻게 분석하고 학습해 실질적인 제어로 연결시키는가 하는 점이다.

대표적인 사례로는 도시의 스마트 조명 시스템이 있다. AI가 유동 인구, 기상 상태, 시간별 조도 등을 실시간으로 분석해 효율적이고 안전한 조명을 제공한다. 또한, 스마트 홈에서 IoT 기반의 AI가 거주자의 일정과 생활 패턴을 학습해 공조, 조명, 보안 시스템 등을 맞춤형으로 제공하는 사례도 있다.

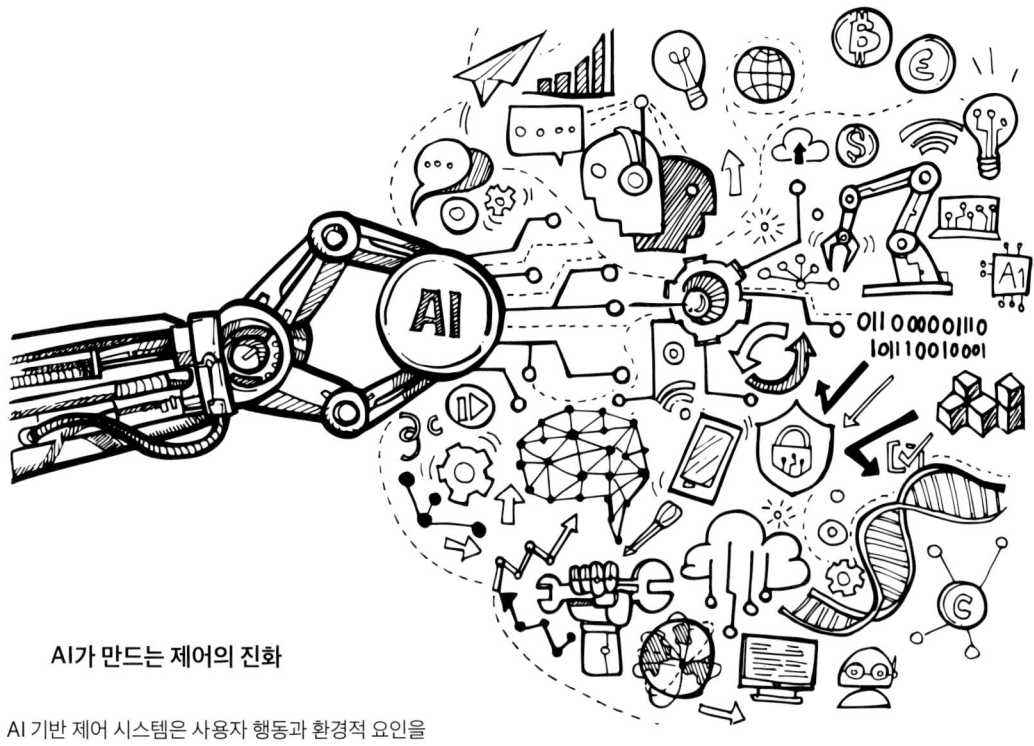

AI가 만드는 제어의 진화

AI 기반 제어 시스템은 사용자 행동과 환경적 요인을 인식하면서 점진적으로 발전한다. 초기에는 사용자가 시스템을 직접 조작해야 하지만, AI가 데이터를 축적하며 학습할수록 제어 시스템은 능동적이면서도 예측적인 방향으로 발전해 나간다. 이와 같은 발전은 단계적으로 이뤄지며, 각 단계는 AI가 어떻게 학습하고 적용해 나가는지를 보여준다.

- **수동적 제어**: 사용자가 직접 시스템을 제어하거나 설정을 입력한다.
- **패턴 인식**: AI가 IoT 센서로 수집된 데이터를 통해 사용자의 반복적인 행동 패턴을 인식한다. (지도학습 Supervised Learning 활용)
- **능동적 제어**: AI가 패턴을 학습해 사용자의 요구를 예측하고 자동으로 시스템을 제어한다. 예를 들어, AI는 사용자의 주거 패턴을 학습해 냉난방과 조명 시스템을 자동으로 조율하고, 필요시 맞춤형 환경을 제공한다.
- **예측적 제어**: AI는 비지도학습 Unsupervised Learning과 인공신경망 모델을 통해 외부 기상 정보 및 과거 데이터를 기반으로 사용자의 행동을 예측해 사전 대응형 제어를 실행한다. 헬스케어 건물에서 외부 기상 데이터를 바탕으로 에너지 사용 패턴을 예측해 공조와 조명 환경을 미리 조정하는 방식이다. 도시 조명 제어에서도 실시간 데이터를 분석해 패턴을 예측함으로써 공공 공간의 효율적 제어 방안을 모색하는 경향도 두드러진다.

미래적 관점: AI가 이끄는 제어의 방향성

AI가 더 많은 데이터를 축적하고 정교하게 학습할수록, 제어 시스템은 더욱 세밀하고 능동적으로 진화한다. 미래의 건축은 AI 기반 제어 시스템을 통해 사용자에게 더욱 편안하고 효율적인 환경을 제공하게 될 것이다. 이는 단순히 기술적 진보를 넘어, 건축이 사용자와 어떻게 상호작용하며 더 나은 삶의 공간을 제공할지에 대한 중요한 해답이 되지 않을까. AI와 함께 건축은 사용자와 더불어 성장하고 진화하는 '살아 있는 공간'으로 거듭날 것이며, 그 중심에는 학습하고 진화하는 '제어'가 있다.

Mapping

데이터가 시나리오로 완성되기까지

제어는 기계나 시스템을 조작하는 것을 넘어 데이터에 기반한 최적의 결과를 도출하는 과정까지 포함한다. 이 과정에는 사용자의 눈에는 보이지 않은 흐름이 정교하게 설계돼 있다. 무수하고도 개별적인 데이터가 하나의 거대한 시나리오로 완성되는 과정을 살펴본다.

-
에디터 구자영

데이터 수집:
환경을 읽어들이는 첫걸음

제어 시스템에서 데이터는 센서를 통해 수집된다. 센서는 아날로그 또는 디지털 신호의 형태로 데이터를 생성하며, 이를 통해 시스템은 환경을 인식한다. 온도, 습도, 압력, 속도, 위치 등 물리적 변수가 실시간으로 감지되는 것이다.

센서 배치와 데이터 샘플링 주기는 수집되는 정보의 정확성과 밀접하게 연관돼 있다. 데이터는 일반적으로 매우 빠르게 축적되므로, 초기 단계에서 불필요한 노이즈를 제거하는 것이 중요하다. 이때 센서의 민감도와 해상도는 데이터의 정확도를 결정하는 핵심 요소다. 실내 환경 제어처럼 정밀한 작업에는 고해상도 센서가 필요하며, 외부 환경에서는 내구성과 신뢰성의 중요도가 높아진다. 그 외에도 데이터 수집 과정에서는 지속적인 모니터링을 통해 센서의 오류나 결함을 사전에 감지하는 것도 필수적이다.

데이터 분석:
의사결정을 위한 핵심 단계

데이터 분석 단계는 현 상태를 반영할 뿐만 아니라 미래를 예측하고 선제적으로 대응하는 과정이라 할 수 있다. 전처리된 데이터는 분석 알고리즘을 통해 의미 있는 정보로 변환된다. 이때 PID 제어[3], 모델 예측 제어[4] 등 다양한 기법이 활용된다. 예를 들어 스마트 온도 조절 시스템에서는 온도 변화 패턴을 분석해 적절한 난방 제어 신호를 생성하는 식이다.

이와 같은 과정에서 머신러닝을 활용하면 데이터를 학습해 시스템이 스스로 최적의 의사결정을 내릴 수도 있다. 아울러, 복잡한 환경에서는 여러 분석 기법을 조합함으로써 정교함을 높이기도 한다.

1) 대역폭: 네트워크상에서 정보 통신을 위한 신호의 최고주파수와 최저주파수의 범위를 뜻하며, 어떤 매체나 기기를 거쳐서 정보를 전송할 때의 전송량을 가리킨다. 일반적으로 통신에서 정보를 전송할 수 있는 능력, 즉 최대전송 속도를 말한다. 대역폭이 높을수록 더 많은 사용자를 수용할 수 있고, 사용자는 더 많은 데이터를 주고받을 수 있다.
2) 특징 추출: 기존 데이터로부터 고유한 성질을 나타내는 특징이나 성질을 추출하는 것
3) PID 제어: PID는 '비례-적분-미분 제어'를 뜻하는 'Proportional-Integral-Differential'의 약자로, PID 제어는 제어 대상의 상태를 측정해 설정치와의 차이를 줄여나가는 제어 방식을 가리킨다.
4) 모델 예측 제어: 'Model Predictive Control'의 준말인 MPC라고도 한다.
5) 액추에이터: 에너지를 이용해 대상물을 움직이거나 제어하는 데 쓰이는 기계를 가리키며, '구동 장치'라고도 한다. 센서에 의해 전달된 정보를 파악하고 특정 장치를 제어한다. 액추에이터의 특징이나 성능 정보를 다른 시스템에 표준화된 메시지로 전달해 시스템이 액추에이터를 제어하게 할 수도 있다.

데이터 전송:
제어 장치로의 전달

수집된 데이터는 네트워크를 통해 제어 장치로 전송된다. 이때 사용되는 통신 방식은 유선과 무선으로 나뉜다. 산업 현장에서는 일관적이면서도 안전한 데이터 전송을 위해 주로 유선 통신 방식이 사용되지만, IoT 기반의 제어 시스템에서는 와이파이Wi-Fi, 블루투스Bluetooth 등의 무선 통신도 점점 증가하는 추세다.

이 과정에서 다양한 통신 프로토콜이 활용된다. 예를 들어 Modbus, OPC UA, MQTT 같은 프로토콜은 센서와 제어 장치 간의 원활한 데이터 교환을 지원한다. 이때 데이터의 전송 속도와 대역폭[1]은 실시간 처리가 필요한 시스템에서 중요한 요소로 작용한다. 특히, 시스템의 규모가 클수록 데이터 트래픽을 최적화하고 병목 현상을 방지하는 네트워크 설계가 필요하다. 이외에도 데이터 손실을 방지하기 위해 암호화 및 오류 감지 기술이 적용되기도 한다.

데이터 전처리:
의미 있는 정보로 가공

전송된 데이터는 가공되지 않았기 때문에 그대로 활용하기 어렵다. 분석 및 제어 과정에 적합하도록 데이터를 변환하는 과정이 필요한데, 이를 '전처리preprocessing'라고 한다. 대표적인 기법으로는 노이즈 필터링, 결측값 보정, 이상치 감지, 단위 변환 등이 있다. 일례로 온도 센서에서 0.1초마다 수집한 모든 데이터를 저장할 필요는 없으며, 일정 간격으로 평균값을 계산해 활용하는 것이 더욱 효율적일 수 있다. 또한, 서로 다른 장치에서 수집된 데이터를 표준화하는 과정도 필요하다. 데이터 품질을 일정 수준 이상으로 유지하기 위해 중복 데이터 제거 및 압축 기술이 사용되기도 한다. 실시간 제어가 필요한 경우에는 빠른 연산 처리를 위해 간소화된 전처리 기법이 적용된다. 특히, 머신러닝 기반 시스템에서는 전처리된 데이터를 학습 데이터로 활용하기 위해 특징 추출feature extraction[2] 과정을 추가하기도 한다.

제어 명령 및 실행:
데이터의 실제 활용

최종 제어 명령은 데이터 분석 결과를 바탕으로 내려진다. 공장의 자동화 설비에서 로봇 팔의 움직임을 조정하거나 공조 시스템에서 공기 흐름을 조절하는 등의 조치가 이뤄지는 식이다.

제어 명령은 모터, 밸브, 릴레이 등의 액추에이터actuator[5]를 통해 실행되는데, 이때 여러 장치 간의 동기화 작업이 필요하기도 한다. 특히 정밀한 동작이 요구되는 제조 공정에서는 명령 실행 전후의 타이밍이 중요한 변수로 작용한다. 이를 위해 시스템은 정기적으로 피드백을 받아 제어 명령 타이밍을 미세 조정하며 정확성과 신뢰도를 높인다.

피드백 루프:
지속적인 조정과 최적화

제어 명령이 실행된 후에도 시나리오는 계속된다. 시스템의 안정성을 높이고 성능을 유지하기 위해 실행 결과를 다시 감지해 피드백을 수행하기 때문이다. 이를 피드백 루프feedback loop라고 한다. 온도를 조절한 후 목표 온도에 도달했는지 확인하고, 필요하면 추가로 조정을 가하는 방식이 이에 해당한다. 단순한 제어 방식에서는 비교적 간단한 피드백 구조가 적용되지만, 고도화된 시스템에서는 다층적이고 복합적인 피드백 구조가 활용된다. 피드백 루프의 효율성을 높이기 위해 적응형 알고리즘이 적용되기도 하는데, 이는 환경 변화에 따라 제어 시스템이 자동으로 조정되는 효과로 이어진다. 이외에도 실시간 피드백 데이터를 기록해 장기적인 트렌드를 분석하고, 이를 기반으로 시스템이 지속적으로 개선되기도 한다.

2

SYSTEM & DEVICE

Parts

IoT의 핵심 요소:
센서, 레이더, 컨트롤러

IoT 디바이스는 건물 내 다양한 요소와 연동되어 실시간 데이터 수집 및 자동화를 통해 효율적인 건축 환경을 구현하는 데 핵심적인 역할을 한다. 이러한 IoT 환경 구축의 중심에는 센서와 레이더, 컨트롤러와 같은 기술적 요소들이 있다. 효과적인 건축 환경을 실현하기 위해서는 이들 필수 요소의 기능과 역할을 명확히 이해하고 각 요소를 유기적으로 연계시키는 것이 중요하다. 이 구성 요소들이 긴밀하게 연결될 때 건물은 에너지 절감과 쾌적한 환경 조성은 물론, 지속 가능한 미래 건축을 위한 효율적이고 실용적인 솔루션으로 발전할 수 있다.

-
에디터 박지일

센서 Sensor

IoT의 개념은 1980년대부터 센서와 지능을 사물에 추가한다는 아이디어로 시작됐다. 이후 RFID 기술과 컨트롤러의 발전으로 IoT 센서의 적용 범위가 확대됐으며, 최근에는 MEMS Micro-Electro-Mechanical Systems 기술의 발전으로 소형화와 정밀도가 향상됐다. 이러한 기술적 진보는 건축 분야에서의 IoT 센서 활용을 가속화시키는 요인이 됐다. 초기의 아날로그 센서는 단순히 온습도를 측정하는 데 그쳤지만, 현재는 다양한 기술의 결합으로 디지털화되고 네트워크로 연결된 스마트 센서로 진화했다. 주요 센서로는 온습도 센서(써미스터 및 습도 감지 소자), 조도 센서(포토다이오드 기반), CO_2 센서(NDIR 방식), 모션 센서(적외선 PIR 센서) 등이 있으며, 국내에서는 삼성 스마트싱스 SmartThings, LG 스마트 센서 등 IoT 플랫폼과 결합된 제품이 널리 사용된다. 스마트 센서 기술은 Wi-Fi, Zigbee, BLE 등의 프로토콜을 사용하여 클라우드 서버와의 효율적이고 신속한 데이터 통신을 지원한다.(p.44 참고) 센서는 실시간 데이터 수집과 정밀 분석을 통해 공조 시스템 자동 제어, 스마트 조명 제어, 공기 질 관리 등을 최적화한다.

IoT 센서는 내부 환경을 정밀하게 조절하여 에너지 효율을 극대화한다. 일례로 온도, 습도, 조도 센서를 이용해 건물 내부 환경을 실시간으로 모니터링하고, 인공지능 기술과 결합해 최적의 환경을 유지하면서도 에너지 소비를 최소화할 수 있다. 한편 예측 유지보수에도 적극 활용되고 있다. 진동, 온도, 습도 등의 데이터를 수집하여 설비의 상태를 정확히 파악하고 잠재적 문제를 사전에 탐지해 사고나 고장을 미리 방지한다. 실제로 IoT 센서를 이용한 유지보수 기술은 건축물의 운영 비용을 20% 이상 절감할 수 있다고 보고되기도 했다. 더불어 안전 관리 측면에서도 IoT 센서는 큰 역할을 한다. 건설 현장에서 작업자의 위치 및 상태를 추적하여 사고를 미연에 방지하는 웨어러블 IoT 센서는 현장의 안전성을 크게 향상시켰다. 특히 긴급 상황 발생 시 즉시 경고 알림이 발송되는 기술 덕분에 사고 예방에 효과적이라는 평가다.

메탄가스, 일산화탄소, 이산화탄소, 초음파 및 적외선 위치 센서용 센서 세트. 전자 프로토타이핑 및 사물 인터넷용 도구

레이더 Radar

레이더는 비접촉식 감지 기술로서 무선 전파를 발사해 목표물에서 반사된 신호로 물체의 거리, 방향, 속도를 측정한다. 정확성과 효율성, 프라이버시 보호 측면에서 주목받고 있다. 초기 레이더 기술은 제2차 세계대전 중 군사적 목적으로 개발됐으며, 이후 항공 관제, 기상 탐지 등 다양한 산업 분야에서 사용됐다. 21세기 들어 초소형 레이더 센서가 등장하면서 스마트 건물 및 IoT 분야에서 활용이 확대되고 있다. 레이더는 스마트 건물의 인원 감지, 출입 관리, 공조 시스템 최적화 등에 효과적으로 활용된다. 예를 들어, 밀리미터파 mmWave 레이더는 실내에서 사람의 움직임과 위치를 정밀하게 탐지해 공간 활용도와 에너지 효율성을 높인다. 밀리미터파 레이더는 24GHz 또는 60GHz 대역을 사용하여 초고해상도의 동작 감지와 객체 인식이 가능하다. 주파수 변조 연속파 FMCW 기술을 이용하여 대상의 거리, 속도, 위치를 정확히 파악할 수 있다. 또한, 레이더는 CCTV와 달리 개인의 얼굴을 인식하지 않으면서도 사람의 존재 여부와 행동 패턴을 분석할 수 있어 프라이버시 침해 문제를 방지하는 장점이 있다.

2024년 『IEEE Sensors Journal』에 게재된 연구에 따르면, 초소형 레이더 센서가 탑재된 건축 IoT 시스템은 기존 센서 대비 최대 35%의 에너지 효율성 개선 효과를 나타냈다. 또한, 레이더 센서를 활용한 인공지능 기반 데이터 분석 연구도 활발히 이루어지고 있으며, 공간 점유율 분석 및 재난 상황 대응과 같은 분야에서도 실증적인 성과를 거두고 있다. 국내에서는 한화시스템과 LG이노텍의 제품이 대표적이다. 데이터 처리를 위한 알고리즘으로는 머신러닝 기반 객체 탐지 기술이 활용되며, 클라우드 기반의 빅데이터 분석 시스템과 연계되어 정확한 사용자 행동 예측 및 대응을 가능하게 한다.

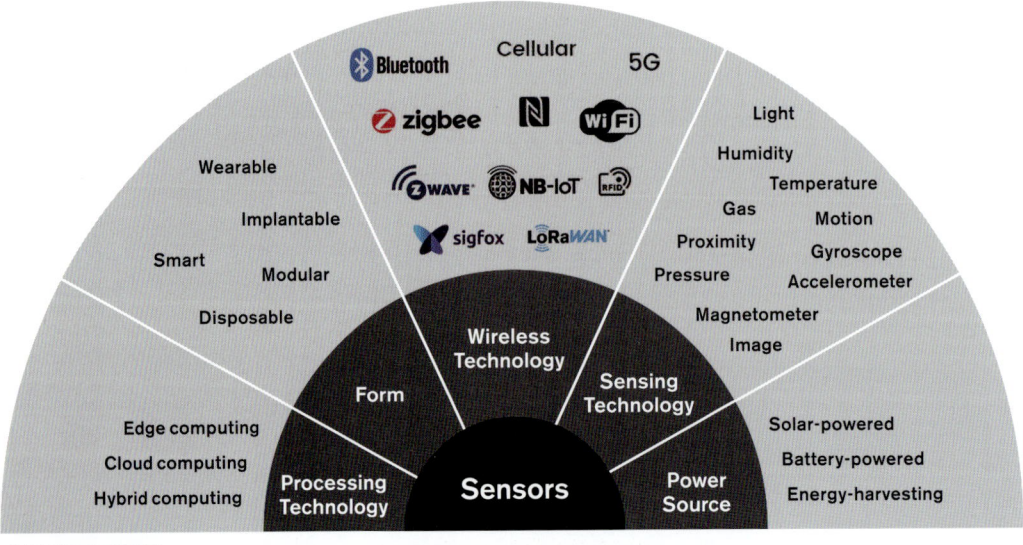

센서의 활용과 작동 방식

(위) 곳곳에 설치된 CCTV는 레이더 기술에 기반을 둔다.
(아래) 전기 펌프 모터 제어를 위한 컨트롤러

컨트롤러 Controller

컨트롤러는 시스템 내에서 입력된 데이터를 처리하고, 이를 기반으로 적절한 출력을 만들어 장치나 시스템을 제어하는 역할을 한다. 초기 컨트롤러는 주로 산업 자동화 및 생산 공정 제어 목적으로 개발됐으며, **PLC**Programmable Logic Controller가 대표적이다. 최근 IoT 기술의 발전과 함께 소형화 및 저전력화가 이루어지면서 스마트 건물 관리 시스템에서의 활용성이 급증하고 있다.

    컨트롤러는 조명, 냉난방 공조 시스템, 보안 및 출입 제어 시스템 등 다양한 분야에 활용된다. 예를 들어, 빌딩 자동화 시스템BAS에 사용되는 컨트롤러는 실내 환경 센서 데이터를 기반으로 최적의 온도와 습도를 유지하여 에너지 절감을 극대화한다. 또한, 보안 시스템 컨트롤러는 센서로부터 이상 신호가 감지될 경우 실시간으로 대응하여 안전성을 높인다. 기술적으로는 **MCU**Micro Controller Unit, **FPGA**Field Programmable Gate Array와 같은 하드웨어와 인공지능 알고리즘 기반의 소프트웨어 플랫폼으로 구성된다. 국내에서는 현대일렉트릭, LS일렉트릭의 스마트 빌딩 컨트롤러가 주로 활용되며, **MQTT**, **Modbus**, **BACnet** 같은 통신 프로토콜을 활용하여 다양한 장비와 연동된다. 최근의 컨트롤러는 엣지 컴퓨팅 기술을 탑재하여 현장에서 바로 데이터를 분석하고 판단함으로써 클라우드 서버 의존도를 줄이고 반응 속도를 높였다. 2024년 기준 국내시장 규모는 약 2000억 원 이상으로 추산된다.

Protocol

사물간 소통 방식:
무선 통신의 표준과 절차

Wi-Fi

와이파이, WLAN(Wireless LAN)으로 불리며 우리나라에서는 무선랜이라 부르기도 한다. 하나의 네트워크에 여러 기기를 동시에 연결할 수 있으며, 고정된 위치가 아닌 신호 범위 내 어디서든 사용할 수 있다. 최대 수백 Mbps부터 1Gbps 이상의 데이터 전송 속도로 비교적 넓은 대역폭을 요구하는 카메라, 스마트 가전 등에 적합하다. 반면 전력 소모가 커 배터리 기반 소형기기에는 부적합하다. 라우터 혹은 인터넷 공유기(AP)가 있어야 사용할 수 있으며, 거리가 멀어지거나 장애물이 많아지면 속도와 신호 강도가 감소한다.

-

적용 사례

스마트폰, 노트북, 스마트 TV, 스마트 냉장고, 영상 스트리밍 장치, IoT 기기(스마트 홈 장비) 등

**Bluetooth &
Bluetooth Low Energy
(이하 BLE)**

블루투스는 최대 수십 Mbps의 데이터 전송 속도를 제공하며, BLE는 낮은 대역폭으로 저속 데이터 전송에 최적화되어 있다. BLE는 근거리 무선 통신 기술로 약 10~100m 정도의 단거리 통신에 적합하며, 주로 개인 기기 간 데이터 전송에 사용된다. 기존 블루투스에 비해 전력 소모를 대폭 줄인 기술로, 소형 기기나 웨어러블 기기에 사용된다. 블루투스와 BLE 모두 거리와 장애물에 따라 신호 강도와 성능이 제한된다.

-

적용 사례

- 블루투스: 무선 이어폰, 스피커, 키보드, 마우스, 차량용 오디오 시스템
- BLE: 스마트 워치, 피트니스 트래커, 헬스케어 기기, 스마트 태그, IoT 센서

ZigBee (IEEE 802.15.4 기반)

지그비는 저전력, 저비용, 저속 무선 네트워크 기술로, 주로 스마트 홈 및 IoT 환경에서 사용된다. 메시 네트워크(Mesh Network) 구조로 여러 기기를 서로 연결하고, 데이터를 중계하여 넓은 범위의 네트워크를 형성할 수 있다. 낮은 전력 소모와 안정적인 통신이 특징이며, 배터리 기반 소형기기에 적합하다. 최대 250Kbps의 데이터 전송 속도를 제공하며, 센서 데이터 전송이나 제어 신호와 같은 저속 통신에 최적화되어 있다. 다만, Wi-Fi에 비해 전송 속도가 느리고, 장애물에 의해 신호 감쇠가 발생할 수 있다.

-

적용 사례

스마트 조명, 스마트 플러그, 온도 조절기, 센서, 산업용 제어 시스템, 스마트 에너지 관리 시스템

사물인터넷(이하 IoT)에서 사물 간 무선 통신에 사용되는 표준 프로토콜은 저전력, 장거리, 대역폭 등 다양한 요구 사항에 따라 여러 기준으로 구분된다. 일례로 대용량의 실시간 데이터 전송이 필요한 CCTV나 영상 모니터링, 하루에 두세 번 확인하는 날씨 정보, 몸에 부착된 소형기기 간 단거리 저전력 통신과 도시 전체를 연결하는 장거리 재난 정보도 있을 수 있다. 다양한 상황과 응용에 요구되는 최적의 주요 무선 통신 프로토콜과 그 특징을 정리한다.

-
글 윤종록
에디터 김현경

Z-Wave

지웨이브는 저전력, 저속 무선 통신 기술이다. 메시 네트워크Mesh Network 구조를 이용하여 기기 간 데이터를 중계하며, 중거리에서 안정적인 네트워크를 제공한다. 900MHz 대역을 사용해 Wi-Fi의 간섭을 줄이고, 장애물 통과 성능이 뛰어난 것이 특징이다. 최대 100Kbps의 데이터 전송 속도를 제공하며, 저속 데이터 전송이 필요한 센서 및 제어 기기에 적합하다. 낮은 전력 소모로 배터리 기반 소형기기에 적합하며, 최대 232개의 기기를 하나의 네트워크로 연결할 수 있다. 단, 지그비에 비해 글로벌 표준화가 부족해 호환성이 제한될 수 있다.

-
적용 사례
스마트 도어록, 스마트 플러그, 보안 시스템, 스마트 조명, 온도 조절기, IoT 허브, 스마트 에너지 관리 시스템

LoRaWAN

LoRaWANLong Range Wide Area Network은 장거리 저전력 무선 통신 기술로, 주로 IoT 및 스마트 시티 환경에서 사용된다. LoRa 물리 계층을 기반으로 동작하며, WANWide Area Network 구조로 넓은 지역에 데이터를 전송할 수 있다. 낮은 전력 소모와 10km 이상의 넓은 통신 범위가 특징이다. 0.3Kbps~50Kbps의 낮은 데이터 전송 속도를 제공하며, 배터리 수명이 길다. 다만, 실시간 데이터 전송에는 적합하지 않으며, 장애물에 따라 신호 강도가 감소할 수 있다.

-
적용 사례
스마트 시티(가로등 제어, 주차 관리), 스마트 농업(날씨 모니터링, 토양 센서), 물류 추적

NB-IoT

NB-IoTNarrowband IoT는 주로 저전력, 저속 데이터 전송이 필요한 IoT 기기를 위해 설계되었으며, 기존 LTE 네트워크 인프라를 활용하여 넓은 범위와 높은 신뢰성을 제공한다. 180KHz의 협대역[1] 대역폭을 사용하며, 최대 250Kbps의 데이터 전송 속도를 지원한다. 낮은 전력 소모가 특징으로, 배터리 수명이 10년 이상 지속될 수 있다. 단, 실시간 데이터 전송에는 적합하지 않으며, 대규모 데이터 전송이 필요한 환경에서는 제한이 있다.

-
적용 사례
스마트 미터, 자산 추적, 환경 센서, 스마트 가로등, 쓰레기통 모니터링

Sigfox

시그폭스는 초저전력 소비가 가장 큰 장점으로, 배터리 기반 IoT 기기의 수명을 최대 10년 이상 유지할 수 있다. 수 km의 장거리에도 안정적인 통신이 가능하다. 데이터 전송은 최대 12byte까지 가능하며, 대역폭을 효율적으로 사용할 수 있다. 저비용, 단순한 연결에 적합하다.

-

적용 사례
날씨 모니터링, 단순 알림 시스템, 자산 추적

Thread

스레드는 범용 인터넷 기반의 안정적이고 안전한 메시 네트워크를 제공한다. 배터리로 작동하는 IoT 기기를 지원하기 위해 설계됐으며, 에너지 소모를 최소화하여 스마트 홈 기기의 수명을 늘린다. 암호화를 통해 높은 수준의 보안을 제공하고, 인증되지 않은 기기의 네트워크를 차단한다. 스마트 홈, IoT 환경에 특화된 표준 프로토콜로 지그비, 매터Matter와 호환도 지원한다.

-

적용 사례
스마트 홈 기기, 건물 자동화 시스템, 환경 모니터링, 에너지 관리

Cellular

LTE-M
LTE-M은 최대 속도 1Mbps로 IoT 기기에 필요한 적당한 속도를 제공하며, 초저전력 소비를 지원해 배터리 수명을 연장한다. 기존 LTE 네트워크를 활용해 도시와 시골 모두 안정적인 통신을 제공하고 구축 비용이 낮다. 음성과 데이터를 동시에 처리할 수 있어, 음성 통신과 센서 데이터 전송을 하나의 네트워크에서 통합적으로 운영할 수 있다.

-

적용 사례
차량 통신V2X, 스마트 시티 인프라, 스마트 웨어러블 기기, 비상 호출 시스템

5G
5G는 최대 1Gbps 전송 속도를 지원해 고해상도 데이터 처리와 실시간 애플리케이션에 적합하다. 초저지연으로 실시간 제어와 반응이 중요한 환경에 적합하며, 기존 네트워크보다 효율적인 에너지 소비를 지원한다. 다만, 초기 구축 비용이 높아 네트워크 인프라가 완전히 구축되지 않은 지역에서는 사용이 제한적이다.

-

적용 사례
스마트 도시, 스마트 제조, 자율주행 차량, 증강현실AR 및 가상현실VR

IoT의 기술 표준화는 누가 리드하는가?

IEEE

IEEE 국제전기전자공학회는 다양한 기술 분야에서 표준을 개발하고 유지하는 데 중요한 역할을 하는 단체다. 대표적인 IEEE 802시리즈는 유무선 네트워크 환경의 속도, 거리, 전력, 비용 등의 다양한 요구 사항에 맞춰 표준을 제공한다. 이더넷, Wi-Fi, Bluetooth와 같은 일상생활에 자리 잡은 필수적인 표준을 개발했다.

ISO/IEC JTC 1

국제표준화 기구ISO와 국제전기기술위원회IEC 산하의 기술위원회인 JTC1은 IoT 기술 표준 개발과 조정 및 표준 결정을 수행한다. 하드웨어, 소프트웨어, 데이터, 통신, 보안 등 IT 절반에 걸쳐 표준을 개발하고, 기술 발전에 따른 새로운 IT 표준화 작업을 수행한다.

oneM2M

IoT 기술의 글로벌 표준화를 목표로 하는 국제 표준화 기구다. 다양한 IoT 기술과 플랫폼 간의 상호 운용성과 확장성을 보장하고, 통합된 IoT 서비스를 제공하기 위해 표준을 개발한다.

ITU-T

국제전기통신연합ITU의 기술표준T 팀은 통신 및 ICT 기술 분야에서 글로벌 표준을 개발하며, 정보를 운반하는 통신 표준을 담당한다. ITU-T의 표준은 전 세계적으로 네트워크 보안, 5G, IoT 등 다양한 기술 영역에서 널리 사용되고 있다.

OCF

OCFOpen Connectivity Foundation 개방형 연결 재단은 IoT 기기 간의 상호 연결성을 보장하기 위해 설립된 표준화 기구다. OCF 프로토콜을 통해 장치 간 데이터를 효율적으로 전송하고, 다른 IoT 표준과 호환 가능한 기능을 제공한다.

CSA

글로벌 표준 연합 CSAConnectivity Standards Alliance는 스마트 홈 기기 호환을 위한 개방형 통신 프로토콜 규격을 개발하고 표준화하는 단체다. 애플, 구글, 삼성 등 전 세계 500개 이상의 주요 기업이 회원사로 참여하고 있으며 매터matter 표준을 개발했다. 매터는 인터넷 프로토콜 기반 홈 IoT 통신 표준으로 기존의 여러 프로토콜을 지원하며 기기와 플랫폼 간 호환성을 높인다. 누구나 소스 코드를 읽고 변경할 수 있어 제조 비용을 절감하고 개발 및 생산 시간을 단축할 수 있다.

1) 협대역Narrowband: 통신 기술에서 매우 좁은 대역폭을 사용하는 방식

Device

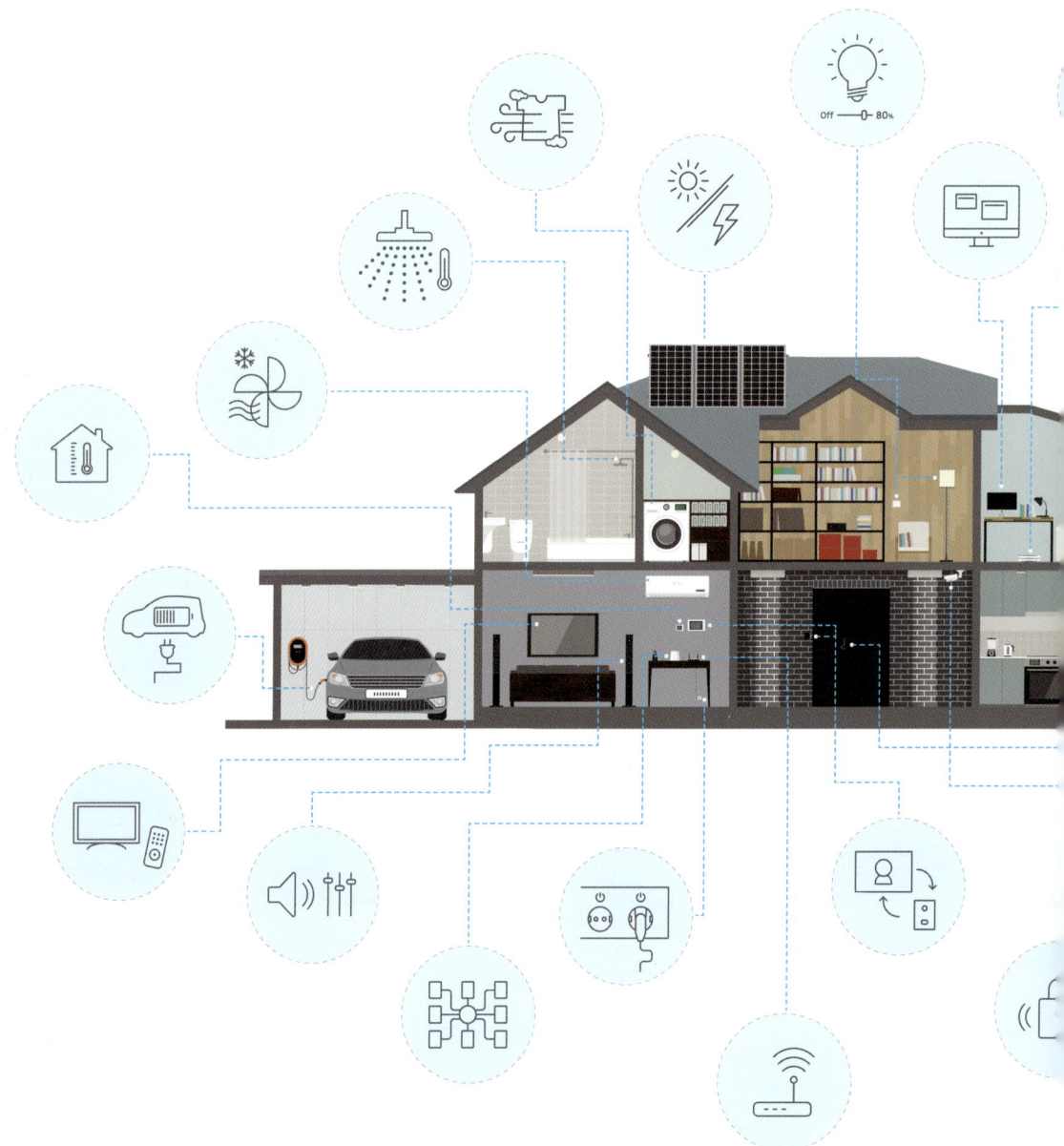

주요 IoT 디바이스의
원리 및 종류

IoT 기술은 어느새 우리 생활 깊숙이 파고들었다. 다양한 기기들이 인터넷을 통해 연결되고, 서로 데이터를 주고받으며 생활을 편리하게 만드는 '스마트 라이프'를 실현하고 있는 것. 그렇다면 이러한 디바이스들은 과연 어떤 기술로 작동하는 것일까? IoT 디바이스의 기능 및 기술적 원리와 최근 국내시장 트렌드를 살펴본다.

에디터 **박지일**

우리 집을 더 똑똑하게 만드는 스마트 디바이스

스마트 홈 디바이스는 가정 내 각종 기기를 네트워크로 연결해 사용자의 편의성을 높인다. 대표적으로 스마트 조명은 와이파이 또는 지그비 같은 무선 프로토콜을 통해 스마트폰이나 AI 음성 비서로부터 명령을 받는다. 이 명령은 PWM 펄스 폭 변조 기술을 활용해 LED의 밝기와 색온도를 미세하게 제어한다. 필립스 휴Hue, 샤오미 이라이트Yeelight 등이 국내에서 많이 쓰인다. 또 다른 대표 기기인 스마트 플러그는 릴레이 스위치를 통해 가전제품의 전원을 원격으로 제어하고, 전력 측정 IC로 전기 소비량을 체크한다. 헤이홈 IoT 플러그, 아카라 스마트 플러그가 대표적인 사례다. 음성 명령으로 가전을 제어하는 AI 스피커는 마이크로폰 어레이 기술을 적용해 사용자의 음성을 정확히 인식하고, 클라우드 기반의 자연어 처리NLP 기술을 통해 명령을 분석한다. 최근 시장은 아마존 에코 쇼Echo Show와 구글 네스트 허브Nest Hub 등과 같이 음성과 터치 상호 작용을 모두 지원하는 멀티모달 스피커를 포함하도록 확대되면서 사용자 수가 빠르게 증가하고 있다.

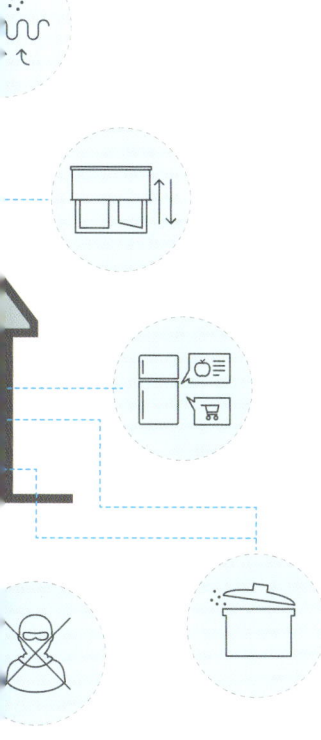

(위) 필립스 휴
(아래) 아카라 스마트 플러그

웨어러블 기기가 바꾼 개인 맞춤형 헬스케어

웨어러블 IoT 기술은 개인의 건강을 실시간으로 관리하는 시대를 열었다. 스마트워치는 가장 대표적인 사례로, 광학식 심박 센서(PPG 센서)를 사용해 사용자의 심박수를 실시간으로 모니터링한다. 가속도계와 자이로스코프 센서를 활용해 활동량, 수면 패턴 등 건강 관련 데이터를 분석해 준다. 삼성의 갤럭시 워치 시리즈와 애플워치는 잘 알려진 웨어러블 IoT 제품이다. 스마트 체중계는 로드셀load cell 센서와 생체 전기 임피던스 분석(BIA) 기술을 통해 체중뿐 아니라 체지방률, 근육량 등 신체 데이터를 정밀하게 측정하고, 이 데이터를 와이파이나 블루투스를 통해 클라우드로 전송해 앱에서 쉽게 확인할 수 있게 해준다.

삼성 비스포크 공기청정기

IoT 기술로 완성하는 공기청정과 온도 제어 시스템

최근 미세먼지 문제로 주목받는 스마트 환경 관리 디바이스의 대표 주자는 스마트 공기청정기다. 이 디바이스는 미세먼지(PM 2.5) 센서와 가스(VOC) 센서를 내장해 실시간으로 공기질 데이터를 수집하고, BLDC 모터를 이용해 필터 속도를 자동으로 조정한다. 일반 가정에서도 흔히 사용되는 제품군으로는 삼성 비스포크 큐브 Air, LG 퓨리케어, 샤오미 미에어 등이 있다. 스마트 온도조절기는 온습도 센서로 실내 환경을 실시간 모니터링하고 SSR Solid State Relay을 통해 보일러, 냉난방기기를 제어함으로써 실내 온도를 일정하게 유지한다. 최근에는 IoT 보일러와 같은 스마트 기술이 결합된 난방 제품이 점차 보급률을 높이고 있다.

스마트 온도조절기

모빌리티 기술과 결합한 위치추적과 차량 관리

IoT 위치추적기는 블루투스 저전력BLE, 초광대역UWB, GPS 센서를 통해 분실 방지와 위치 찾기를 지원한다. BLE는 근거리 위치추적에, UWB 기술은 보다 정밀한 위치 파악에 활용된다. 삼성 갤럭시 스마트 태그, 애플 에어 태그가 대표적인 기기다. 최근 자동차 회사에서도 CAN Controller Area Network 통신을 기반으로 차량 내부의 데이터를 분석해 원격으로 차량 상태를 점검하고 도난을 방지하는 서비스를 제공한다.

삼성 갤럭시 스마트 태그

최근 CCTV 기술은 영상 속 사용자 얼굴을 자동으로 인식한다.

안전과 효율을 책임지는 IoT 기반 공공·산업 솔루션

공공 및 산업 분야에서도 IoT의 활용도가 커지고 있다. 스마트 CCTV는 AI 기반 객체 인식과 행동 패턴 분석을 통해 사고 예방과 범죄 예방에 기여하며, 영상 데이터를 실시간 스트리밍 프로토콜Real Time Streaming Protocol, RTSP로 실시간 스트리밍하고 LoRa, LTE 등으로 데이터를 중앙 서버에 안정적으로 전송한다. 한화테크윈과 LG이노텍 등이 이 시장에서 주도적인 역할을 하고 있다. 스마트 미터링은 LoRa, NB-IoT 기술을 통해 전력, 가스, 수도 사용량을 정확히 측정하고 이를 클라우드로 전송해 실시간 데이터 분석과 에너지 관리의 효율성을 높이고 있다. KT와 LS전선이 대표적인 국내 공급자다.

    IoT 기술은 지금 이 순간에도 빠르게 진화 중이다. 앞으로 더욱 다양해질 IoT 기기들은 기술적 진보를 통해 일상생활뿐 아니라 사회 전체의 효율성과 삶의 질을 높이는 핵심 역할을 맡게 될 것이다. 일상 곳곳에서 IoT 기술이 만들어 낼 미래가 더욱 기대되는 이유다.

3

REPORTAGE

Customize

AIoT가 완성하는 스마트 홈, 아카라라이프

송희경 아카라라이프 대표

아카라라이프의 목표는 AIoT 기술로 일상 공간을 더 안전하게, 건강하게, 편리하게 만드는 것이다. 아카라라이프는 글로벌 기업 '아카라 Aqara'와 협력해 국내 고객에게 차별화된 맞춤형 솔루션과 디바이스를 제공하고 있다. 홈 보안 솔루션 '우리집지킴이' 시리즈로 누적 150만 개 이상의 디바이스를 공급했고, 자체 서비스 개발 역량과 탄탄한 제품군을 기반으로 소비자에게 큰 호응을 얻고 있다. 아카라라이프의 송희경 대표를 만나 AIoT가 그리는 스마트 공간의 미래에 대해 물었다.

-
에디터 김현경
자료 제공 아카라라이프

감씨(감): 아카라라이프가 강조하는 'AIoT'에 대해 설명해 달라.

송희경(송): AI와 IoT는 상호보완적인 관계다. IoT 기기를 통해 수집된 데이터를 단순히 축적하는 것이 아니라, AI를 활용해 지속해서 데이터를 분석하고 사용자에게 최적화된 환경을 제안하는 것이 AIoT의 핵심이다. 발전된 AI 기술은 데이터를 분석할 뿐만 아니라, 정보를 기반으로 예측 가능한 다양한 상황을 고려해 시스템을 최적화할 수 있다. 즉, AI가 도출한 결과를 바탕으로 IoT 기기를 제어함으로써 별도의 스위치 조작 없이도 사용자와 공간에 맞춰 자동화된 환경을 조성할 수 있다. 시간이 지날수록 AI가 데이터를 학습하며 더욱 스마트하고 효율적인 서비스를 제공할 수 있다. 더 나아가, AI 기반 데이터 분석을 활용해 사용자가 미처 인지하지 못한 부분까지 관리할 수 있는 환경을 구축하는 것을 목표로 하고 있다.

감: 아카라의 제품은 다른 IoT 브랜드와 비교했을 때 어떤 차별성을 가지는가?

송: 아카라라이프는 아카라의 다양한 제품군을 보유하고 있을 뿐만 아니라, 애플 홈, 삼성 스마트싱스, LG 호미, 구글 홈 등 다양한 플랫폼과의 연동을 지원해 높은 확장성과 연결성을 갖췄다. 특히, 엄격한 보안을 요구하는 애플 홈 인증을 통과한 유일한 국내 IoT 브랜드로 데이터 보안 측면에서도 강점이 있다. 이는 사생활 보호에 대한 우려를 덜어주고, 사용성을 더욱 강화하는 요소로 작용해 IoT 애호가들의 많은 선택을 받고 있다. 또한, 단순히 고품질 디바이스를 제공하는 것에 그치지 않고, AIoT에 특화된 다양한 자체 개발 소프트웨어를 일체형으로 제공하고 있다. 이를 통해 다수의 기업과 협업하며, 보다 스마트한 IoT 생태계를 구축해 나가고 있다.

감: 높은 플랫폼 호환성이 IoT 생태계에 미치는 영향은 무엇인가?

송: 집에서 사용하는 가전, 조명뿐만 아니라 자동차와도 상호작용하여 모든 공간의 데이터가 연결되는 것이 플랫폼 통합의 가장 큰 장점이다. 사용자는 이미 친숙하거나 선호하는 플랫폼에 IoT 장치를 연결해 하나의 인터페이스에서 통합된 사용자 경험을 누릴 수 있다. 아카라라이프는 이러한 트렌드에 맞춰 허브와 하위 장치의 매터 지원은 물론, 서버 간 클라우드 연동, 그리고 아카라

장치를 타사 허브에 연결할 수 있도록 하는 드라이버 개발 등 다방면에서 호환성을 강화하고 있다.

감: 아카라라이프 또한 고유의 플랫폼을 보유했다. 여러 플랫폼을 지원하면서도 아카라의 정체성을 유지하기 위한 전략이 있다면?

송: 다양한 플랫폼과의 연결성이 아카라 제품의 강점 중 하나지만, 동시에 아카라만의 정체성을 유지하는 것 또한 중요하다. 이를 위해 플랫폼에 타사 매터 장치를 통합하는 기능을 개발했다. 또한, 아카라 플랫폼과 연동해야만 세세한 제어가 가능한 장치들도 지속적으로 출시하고 있다. 아카라 플랫폼은 아카라 제품의 강점을 극대화할 수 있는 공간인 만큼, 지속적인 발전을 도모하고 있다. AI를 활용한 아카라 코파일럿[1]을 도입해 스마트 홈 문제 해결 방안 등을 제공하는 것이 대표적인 전략 중 하나다.

감: 아카라 플랫폼 사용자들이 가장 많이 활용하는 통합 시나리오는 무엇인가?

송: 사용자들이 가장 많이 활용하는 시나리오는 아카라 제품과 스마트 가전의 결합이다. 아카라는 자체적으로 대형 가전을 생산하지 않지만, 최근 출시되는 대형 가전들 대부분은 스마트 홈 기능을 포함하고 있다. 스마트 홈 구축을 원하는 사용자들은 하나의 플랫폼에서 아카라 디바이스와 대형 가전을 함께 제어하기를 원한다. 지오펜싱Geo-Fensing [2] 기반의 IR[3] 리모컨 제어 기술을 활용해 집에서 멀어지면 에너지 절약을 위해 기기 전력을 차단하고, 집에 가까워지면 미리 냉난방 가전을 켜두는 시나리오 등이 있다.

감: 스마트 홈을 시작하려는 사람들에게 추천하는 제품은?

송: 시작하는 이유에 따라 다르겠지만, 가장 추천하는 제품은 '스마트 도어락 K100'이다. 디지털 도어록은 현재 국내 80% 이상의 가정에서 쓰는 필수품이지만, 기존 도어록은 비밀번호 해킹을 통한 보안 취약성 문제가 종종 발생한다. K100은 0.5초 지문 인식 기술로 빠르고 편리하며, 실시간 출입 기록 저장 및 알림 기능을 통해 보안을 더욱 강화한다. 또한, 스마트 홈 트리거Trigger [4]로 활용할 수 있는 만큼 집에 들어서는 순간 홈 자동화를 실행하는 주요 장치가 될 수 있다. 예를 들어, 부모가 귀가 후 주로 부엌으로 간다면 도어록을 조명

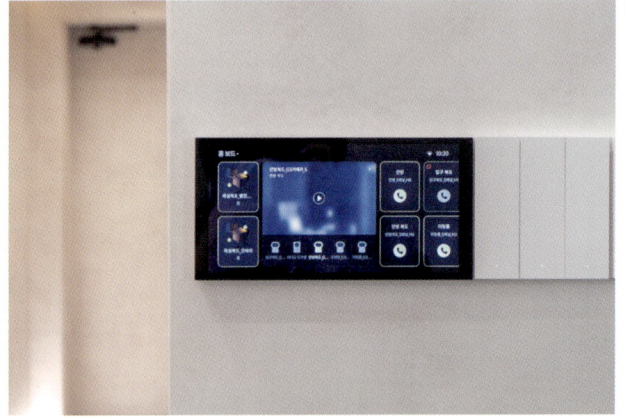

1 지문 인식 푸시풀 도어록 '스마트 도어락 K100'
2 집 안 모든 스마트 홈 장치를 제어할 수 있는 '매직패드 S1 Pro'
3 누수와 침수를 감지하는 '누수 감지 센서 T1'

스위치와 연결해 부엌 조명이 자동으로 켜지게 할 수 있다. 자녀가 집에 오면 뽀로로 음악을 자동으로 틀어준다든지 잠자는 디바이스들을 가동시킨다. K100을 시작으로 스마트 홈 기기를 하나씩 추가하면서 점진적으로 자동화 시스템을 확장하는 재미를 느낄 수 있다.

감: 최근 스마트 인테리어 컨설팅을 시작했는데, 시작하게 된 배경과 제공하는 서비스는 무엇인가?
송: 스마트 홈을 구현하기 위해서는 사전에 구조 설계나 전기 공사가 선행되어야 한다. 그런데 실제로 관련 업체들을 만나보니 IoT를 제대로 이해하는 전문가가 드물었다. 이러한 문제를 해결하기 위해 스마트 인테리어 컨설팅을 시작하게 됐다. 일례로 스마트 홈을 구현하고자 하는 고객이 있다고 가정해 보자. 자동으로 움직이는 커튼, 스마트 조명, 스마트 스위치 등을 설치하고자 한다면 이를 구현할 수 있는 환경인지 사전에 고려해야 한다. 커튼의 전원선은 어디로 뺄 것인지, 스마트 조명을 설치하기 위한 천장 공간이 충분한지, 스마트 스위치 설치를 위한 스위치 박스가 들어갈 수 있는 깊이가 확보되는지, 센서를 어디에 배치해야 정확한 인식이 가능한지, 전기 공사가 필요한 위치는 어디인지 등을 판단한다. 이처럼 아카라라이프의 스마트 인테리어 컨설팅 서비스는 AIoT 기술에 대한 전문성을 갖춘 전문가들이 공간에 필요한 설비 및 제품 설치 위치를 사전에 분석하고 제안하는 것이 핵심이다.

감: 공간 프로젝트도 다수 진행한 것으로 알고 있다. 대표 프로젝트를 소개한다면?
송: 대표적인 사례로 <반포 래미안 원베일리 게스트 하우스>와 SK D&D가 개발한 공유 주거 <에피소드>, 공유 오피스인 <마이워크스페이스 강남역타워점>을 꼽을 수 있다. 반포 래미안 원베일리 게스트 하우스의 경우 조명과 커튼을 자동화해 독서, 취침, 업무 등 분위기에 따른 10가지 자동화 시나리오가 적용되어 있어, 사용자가 스위치를 통해 원하는 분위기로 공간을 조성할 수 있다. 에피소드에는 도어록과 재실 감지 센서가 적용됐다. 에피소드에 들어간 K100은 관리형 도어록으로, 입주자가 객실 청소 등 관리 서비스를 신청하면 특정 시간 동안에만 유효한 비밀번호를 발급할 수 있다. 또한, 모든 객실은 센서와 API[5]를 활용한 스마트 보안, 객실 관리 솔루션을 제공한다. 공유 오피스인 마이워크스페이스 강남역타워점에는 무인 자동 시스템 및 조명 자동화를 적용해 효율적인 운영과 에너지 절감이 가능하도록 했다. 직원이 없어도 사용자가 공간에 들어서면 예약된 자리의 조명이 자동으로 켜지는 시스템을 구현했다.

아카라라이프 공식 쇼룸 침실 공간. 자연광과 비슷한 빛을 내는 스마트 조명을 설치했다.

1 사람의 움직임과 조도 변화를 감지하는 '모션/조도 센서 P2'
2 CCTV와 허브 기능을 포함한 '홈카메라 허브 G3'
3 무선 컨트롤러 '스마트 큐브 T1 Pro'

아카라라이프 공식 쇼룸 내 주방 공간

감: 사용 데이터의 축적과 AI의 발전이 앞으로 공간을 어떻게 바꿀지 궁금하다. 아카라라이프가 꿈꾸는 '스마트 공간'의 모습은 무엇인가?

송: AIoT가 발전함에 따라 초개인화된 환경을 제공할 수 있을 것으로 기대한다. 공간 내에서 사용자의 행동 패턴, 선호도, 생체 정보 등을 실시간으로 수집·분석하면 개인별로 최적화된 경험을 제공할 수 있다. 공기질, 에너지 사용량, 청소 등의 공간 관리뿐만 아니라, 개인의 상태와 요구에 맞춰 공간이 능동적으로 변화하고, 더 나아가 AI가 사용 패턴을 학습해 공간 활용도를 최적화한다면 공간의 가치는 지금보다 더 높아질 것이라 기대한다.

1) 아카라 코파일럿 Aqara Copilot: 아카라 홈 앱에서 사용 가능한 챗봇 형태의 AI 어시스턴트
2) 지오펜싱 Geo-Fensing: 지리적 데이터를 수집·분석하여 특정 위치나 환경 정보를 제공하는 기술
3) IR: Infra Red의 약자로 적외선을 이용하여 정보를 교환하는 통신 방법. 주로 하이패스나 리모컨에 많이 사용된다.
4) 트리거 Trigger: 특정 조건이나 사건이 발생했을 때 자동으로 실행되는 동작이나 프로세스
5) API Application Programming Interface: 응용 프로그램 간 상호작용을 가능하게 하는 인터페이스. 소프트웨어나 서비스가 서로 정보를 주고받거나 기능을 사용할 수 있도록 만들어진 규칙이나 도구 모음을 말한다.

아카라라이프 AqaraLife

2019년 설립된 아카라라이프는 AIoT 기술을 활용하여 일상의 공간을 더 안전하고, 건강하며, 편리하게 만들고자 글로벌 No.1 AIoT 브랜드 아카라와 조인트 벤처로 설립한 회사다. 국내 유일, 하드웨어와 소프트웨어를 통합 제공하며 B2B2C를 아우르는 AIoT 서비스로 소비자들에게 큰 호응을 얻고 있다.

송희경

KT, 대우정보시스템 등 국내 굴지의 IT 기업에서 주요 직책을 두루 역임하고, 정보관리기술사로서 IT 생태계 전반에 대한 경험과 전문성을 바탕으로 아카라라이프의 다음 챕터를 써 내려가고 있다.

시간을 쌓아 첨단을 걷다: 융

이윤희 융코리아일렉트릭 대표

1912년 독일에 설립된 융JUNG은 오랜 전통의 장인 정신과 최신 기술을 결합하며 전기 설비 분야에서 꾸준히 혁신을 선도해 왔다. 시대의 변화에 맞춰 영역을 확장하는 과정에서 '제어'라는 핵심 키워드와 함께 어떤 고민을 이어왔으며, 국내시장에서는 어떤 행보를 보이고 있을까. 융의 한국 지사인 융코리아일렉트릭(이하 융코리아)의 이윤희 대표에게 이에 대한 답을 묻는다.

-
에디터 **구자영**
자료 제공 **융코리아일렉트릭**

감씨(감): 융은 설립 이래, 프리미엄 전기 설비 및 스마트 제어 솔루션을 제공하며 지속적으로 성장해 왔다. 자동 제어의 필요성을 인식하게 된 계기가 궁금하다.

이윤희(이): 융은 지난 100여 년간 전기 설비 분야에서 지속적인 연구 개발과 기술 혁신을 이어왔다. 설립 초기에는 스위치와 배선기구 같은 기본 전기 설비를 제공했으나, 20세기 중반부터 건축물의 규모와 복잡성이 증가함에 따라 보다 효율적인 관리가 요구됐다. 특히, 조명이나 난방, 보안 등 다양한 시스템을 통합적으로 제어함으로써 에너지 효율성과 사용자 편의성을 높이는 자동 제어 기술이 필수라는 점을 깨달았다. 이는 스마트 홈, 스마트 빌딩, 스마트 호텔 등 지능형 건축물에 대한 수요 증가와 맞물려, 융이 자동 제어 솔루션 개발에 집중하게 된 계기가 되었다.

감: 융의 제품과 솔루션을 아우르는 여러 기술 중 가장 핵심적인 자동 제어 기술은 무엇이었나. 나아가, 해당 기술을 적용함으로써 얻은 효과를 구체적으로 검증한 사례가 있다면?

이: 융의 핵심 제어 기술은 국제 표준 KNX 기반의 빌딩 자동화 시스템이다. KNX는 스마트 빌딩 시스템을 위한 국제 표준 프로토콜로, 특정 제조사에 구애받지 않는 개방형 통신 방식을 지원한다. 이를 통해 빌딩의 조명, 채광, 냉난방 및 환기, 멀티미디어, 보안, 에너지 관리 등 다양한 기능을 통합적으로 제어할 수 있다. 일례로 실내 조도에 따라 조명과 블라인드가 자동으로 조절되며, 공기 질을 분석해 냉난방 및 환기 기능이 자동으로 작동하는 방식이다. 이 외에도 거주자의 재실 여부에 따른 보안 및 출입을 제어하고, 에너지 소비량을 실시간으로 모니터링해 최적의 에너지 절감 효과를 제공한다. 또한, 모바일 및 음성 인식 제어 기능으로 원격 조작이 가능하며 게이트웨이를 활용해 서드파티 제품 및 솔루션과도 연동할 수 있다. KNX 시스템은 높은 호환성을 갖추고 있어 신축 및 기존 건물 모두에 적용할 수 있고, 운영과 확장이 용이하다.

 KNX 기반의 스마트 홈 솔루션을 적용한 대표적인 사례로 프랑스 마르세유의 <Villa à Marseille>를 꼽을 수 있다. 이 프로젝트에서는 조명, 창호, 차양, 냉난방 시스템을 개별 또는 그룹 단위(방·층·건물 전체)로 제어하도록 구성해 최대 60%의 에너지 절감 효과를 달성했다. 융의 KNX 프로그램 스위치를 비롯해 Smart Visu 서버, 제어용

융은 1912년 독일에서 설립된 이후 초기에는 기본 전기 설비를 제공했으나, 20세기 중반부터 건축물 시스템 자동 제어 기술의 필요성을 인식하며 자동 제어 솔루션 개발에 집중하기 시작했다.

디스플레이, 다양한 KNX 응용 프로그램이 적용됐다.

구체적으로 조명 제어(스위칭, 디밍, 씬scene 설정, 타이머 제어, 재실 감지), 냉난방 공조(중앙 자동 제어, 날씨 감지 기반 제어), 채광 조절(블라인드 및 셔터 개별·중앙 제어, 사전 설정 위치 지정)의 기능을 통해 에너지 효율과 거주자 편의성을 높였다. 또한, 시각화 솔루션을 통해 직관적인 프로그램 스위치 구성이 가능하며, PC·태블릿·모바일을 활용한 웹 서버와 터치형 디스플레이 패널을 제공해 사용자 편의성을 극대화했다. 이 외에도 자동화 및 원격 제어(시간·논리 함수, 시스템 감독, 원격 프로그래밍), 관개 제어, 인터폰 시스템 등의 기능도 통합했다. 프로젝트는 완공된 후에도 KNX 프로토콜의 폭넓은 호환성을 바탕으로 거주자는 필요에 따라 추가 장치를 쉽게 연동하거나 확장할 수 있다.

감: 그렇다면 KNX 기술은 다른 스마트 제어 기술과 비교했을 때 어떤 차별점을 가지고 있나?

이: 개방형 표준 프로토콜을 기반으로 하는 KNX는 특정 제조사에 구애받지 않고 다양한 제품을 통합할 수 있다는 점에서 큰 강점을 가진다. 먼저, 유선(TP, Powerline)과 무선(RF, IP)을 혼합해 유연한 네트워크 구성이 가능하며, KNX Secure를 통한 데이터 암호화 및 인증 기능을 지원해 보안성이 뛰어나다. 또한, 국제 표준(ISO/IEC 14543-3)으로 인증받아 신뢰성이 높고, 300개 이상의 제조사가 개발한 8천여 개 제품과 호환돼 확장성도 우수하다. KNX는 모듈형 설계를 기반으로 구축되므로 기능 확장이 용이하며, IoT 기반 스마트 홈 및 빌딩 자동화 시스템과의 연동이 원활하다. 다른 스마트 제어 기술과 비교했을 때도 차별화된 장점이

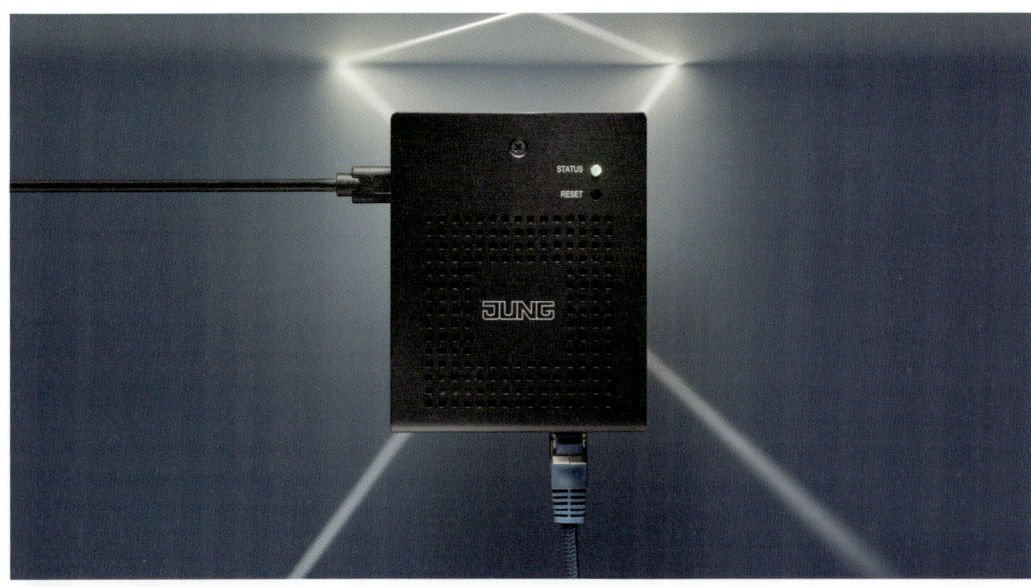

융의 중앙 시스템 서버인 'Smart Visu 서버'

있다. RS485 기반 시스템은 범용성과 확장성이
상대적으로 제한적이며, 지그비와 지웨이브는 무선
기반이라 편리하지만, 대규모 시스템에는 적합하지
않을 수 있다. BACnet은 대형 빌딩 자동화에 특화돼
있지만, 호환성과 확장성 측면에서 KNX보다 덜
유연하다. 이러한 점에서 KNX는 폭넓게 적용될
수 있고 장기적인 유지보수나 확장 측면에서도
유리하다고 평가받는다.

감: 융의 스마트 제어 솔루션이 본격적으로 발전하기 시작한 계기와 현재까지 지속될 수 있었던 이유는 무엇인가?
이: 융은 처음에 전통적인 스위치 제조를 기반으로
출발했으나, 시장의 요구에 맞춰 지속적인 연구와
개발을 통해 혁신적인 제품을 출시하며 성장해 왔다.
1999년에는 KNX 국제 협회(KNX Association)의
창립 멤버로 참여해 스마트 빌딩 자동화 시장에서
중요한 역할을 담당하기 시작했고, 2000년대에 KNX
기술이 국제 표준으로 채택된 이후 본격적으로 스마트
제어 솔루션을 발전시키게 됐다.

 이러한 성장의 원동력은 에너지 효율 향상과
사용자 편의성 증대라는 목표, 나아가 지속 가능한
건축에 대한 높은 관심에서 비롯됐다. 융은 KNX 기반
자동화 시스템을 활용해 건물 내 다양한 기능을 통합
관리함으로써 에너지 절감 효과와 사용자 경험 향상을
동시에 추구해 왔다. 그 외에도 디자인과 기술의
조화를 중시하면서 고급스러운 디자인과 직관적인
인터페이스를 갖춘 제품을 꾸준히 선보인 것도 중요한
요인이라 할 수 있다.

감: 융의 제품과 솔루션은 기술뿐 아니라 공간의 미학과 사용자 경험도 함께 고려하는 것으로 알려져 있다. 융의 제품 디자인과 솔루션이 건축물 내에서 사용자 경험을 어떻게 향상시키는지 설명해 달라.
이: 융은 기술 혁신뿐만 아니라 공간의 미학과 사용자
경험을 고려해 제품을 설계한다. 다양한 소재와
컬러 옵션을 통해 스테인리스 스틸, 알루미늄, 크롬,
황동, 유리 등 고품질 소재를 활용한 제품을 제공해
공간과 조화를 이루면서도 견고한 사용 경험을
선사한다. 특히 LS 990 라인 스위치 제품군은
1968년부터 이어져 온 바우하우스 스타일의
절제된 디자인이 특징으로, 얇은 프레임과 넓은 작동
표면을 갖춰 직관적인 사용성을 강조한다. 또한,
스위스의 '레 컬러스® 르 코르뷔지에'와의 독점
파트너십을 통해 르 코르뷔지에의 63가지 독특한

건축가 르 코르뷔지에가 정리한 색채 시스템 레 컬러스 르 코르뷔지에(Les Couleurs® Le Corbusier)가 적용된 모습

색채를 제품에 적용함으로써 인테리어와 조화를 이루도록 설계됐다. 이처럼 미학적 요소가 가미된 제품은 단순한 기능을 넘어 공간의 일부로 작용해 건축물의 완성도를 높이고, 직관적인 디자인을 통해 사용자에게 시각적인 만족감과 편리한 사용 경험을 동시에 제공한다.

감: 최근 건축 업계에서는 효율성 증대를 위한 스마트 기술 도입이 중요한 이슈로 떠오르고 있다. 이러한 상황에서 융의 스마트 제어 솔루션은 어떤 방향으로 포지셔닝하고 있으며, 건축물의 에너지 효율성과 지속가능성에는 어떻게 기여하고 있는지 궁금하다.

이: 에너지 절감과 지속가능성 역시 기업의 핵심 가치다. KNX 기반 에너지 관리 시스템을 활용해 실시간 에너지 모니터링 및 분석으로 사용 패턴을 최적화하고, 자동 조명 및 공조 제어로 불필요한 에너지 소비를 줄이며, 스마트 조명과 차양 제어로 자연광 활용도를 높인다. 소재 사용 측면에서도 내구성이 뛰어난 자재를 적극 도입해 교체 주기를 늘리고 있다. 또한, Cradle to Cradle® 인증을 받은 제품 등 환경을 고려한 제품도 선보이고 있다. 제품 설계 시 내구성을 최우선으로 고려해 LS 990 라인의 경우 4만 회 이상의 스위치 작동을 견디도록 설계됐으며, 콘센트 제품군은 1만 회 이상의 연결을 견디도록 제작된다. 장기 사용 설계는 자원 절약과 환경 보호에 기여한다.

감: '전통을 기반으로 진보한다'는 철학을 바탕으로 장인 정신과 현대 기술을 결합해 왔다. 한국에서 사업을 전개하는 과정에서, 전통 수동 제어 방식과 최신 스마트 제어 기술을 조화롭게 적용한 사례가 있다면 소개해 달라.

이: 융코리아는 독일 본사의 배선기구를 단순 수입하거나 납품하는 데 그치지 않고, 국내 시장에서 쌓은 현장 노하우와 기술력을 결합해 전통 수동 제어 방식과 최신 스마트 제어 기술을 조화롭게 선보이고 있다. 예를 들어, 바우하우스 디자인에 기반한 미니멀리즘한 제품과 KNX 기반 스마트 제어 기능을 접목해, 인테리어 공간을 한층 세련되게 연출하면서도 높은 기능성을 구현하고 있다.

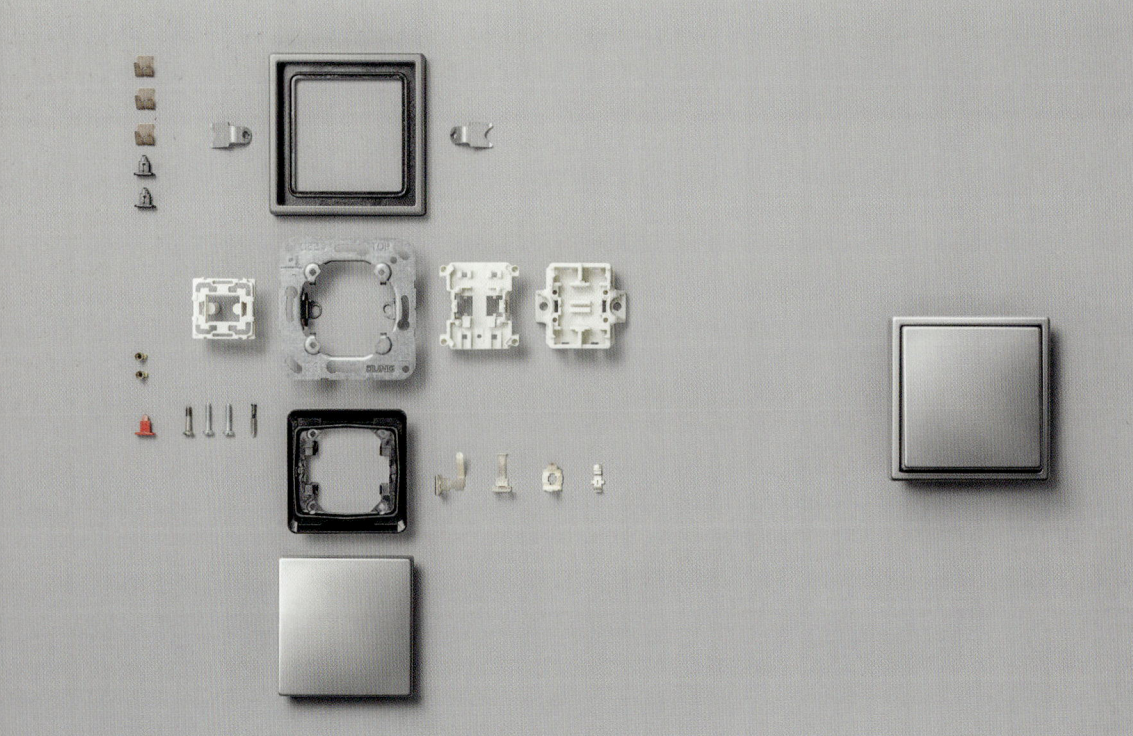

4만회 이상의 스위치 작동을 견디도록 설계된 LS 990라인. 융은 장기적 사용을 지향한 제품 설계를 통해 자원 절약과 환경 보호를 도모하고 있다.

LS 990 라인 스위치가
설치된 모습

주거 공간에서는 고전적인 디자인의 배선기구를 설치하고, 대형 설비 현장에는 KNX 제품을 제공하는 등 다양한 프로젝트에서 미적 가치와 기술적 효율성을 동시에 추구한다. 또한, 삼성전자와 협력해 삼성 스마트싱스, KT 기가지니 같은 IoT 플랫폼과 연계하고, JUNG HOME 시스템을 통해 블루투스 메시 기반의 간편한 스마트 홈 구축이 가능하도록 지원하고 있다. 소비자가 온라인 플랫폼에서도 쉽게 배선기구를 구매하고 설치할 수 있도록 접근성을 높였으며, 대리점·에이전시와의 협업을 통해 온오프라인 유통 구조를 강화하며 국내시장에서 인지도와 신뢰도를 쌓고 있다.

감: '건축물 제어'와 관련해 국내시장에서 특히 주목받거나 요구되는 요소들은 무엇이며, 이에 융코리아는 어떻게 대응하고 있는지도 궁금하다.
이: 에너지 효율성, 스마트 기술 통합, 디자인·기능의 균형, 사용자 편의성, 지속가능성이 핵심 요구 사항으로 꼽힌다. 최근 지속 가능한 건축과 에너지 절약이 중요한 이슈로 떠오르면서 스마트 제어 시스템을 통한 효율적인 에너지 관리가 점점 중요해지고 있으며, 사용자 맞춤형 제어와 직관적인 인터페이스도 필수 요소가 되었다.

융코리아는 이러한 요구를 반영해 KNX 기반 스마트 제어 시스템으로 에너지 사용 패턴을 실시간 모니터링하고 자동화를 통해 불필요한 소비를 최소화하는 솔루션을 제공한다. 디자인 측면에서는 LS 990 라인처럼 고급스러운 디자인의 스위치와 컨트롤 패널로 건축물의 미학적 가치를 해치지 않으면서 스마트 기능을 결합하고 있다. 또한, 모바일 앱이나 웹을 통한 손쉬운 제어 기능을 제공해 사용자 편의성을 극대화하며, 친환경 소재와 내구성을 고려한 제품을 개발해 장기간 사용과 자원 절약을 동시에 실현할 수 있도록 한다. 이런 접근 덕분에 융코리아는 스마트 홈과 스마트 빌딩 확산에 맞춰 건물 효율성과 사용자 편의성을 모두 충족하는 제어 솔루션을 제시하고 있다.

감: 주거, 업무, 숙박, 공공, 의료 등 다양한 분야의 현장에 융의 제품 및 솔루션이 사용되고 있다. 그중에서도 융코리아가 참여한 대표적인 국내 건축 프로젝트를 하나 꼽는다면? 아울러, 해당 프로젝트에서 융의 제품이나 시스템 등이 어떻게 적용되었는지도 함께 소개해 달라.
이: <아크로 서울포레스트>를 예로 들 수 있다. LS 990 시리즈 같은 고전적이면서도 세련된 스위치 제품을 사용해 인테리어와의 조화를 이뤘고, 동시에 KNX 기반 스마트 제어 시스템을 적용해 수동 스위치임에도 다양한 자동화 기능을 제공하도록 했다. 조명, 채광, 온도 조절 등의 기능을 수동과 자동으로 함께 제어할 수 있어, 건물의 각 공간을 효율적으로 관리하고 사용자 요구에 맞춰 조절할 수 있다. 이러한 방식은 건물의 편의성과 기능성을 극대화하면서도 디자인을 해치지 않는다.

이 외에도 아모레퍼시픽 사옥, 힐튼 부산, 갤러리아 광교, 인천공항 제2여객터미널 대한항공 라운지, 대림미술관, JW 메리어트 레지던스, 브라이트 한남 등 국내 여러 프로젝트에서 융의 제품과 솔루션이 적용됐다.

감: KNX IoT, BIM 기술 도입, 스마트 미터링 솔루션 개발 등 스마트 시티 시장에서도 다양한 기술적 시도가 이뤄지고 있다. 기존의 개별 공간 제어 솔루션과 대규모 도시 인프라 제어 기술이 어떻게 통합되는지, 어떤 기대 효과가 있는지 설명해 달라.
이: 기존 건물 단위의 제어 시스템과 도시 차원의 인프라 제어가 결합되면, 전체 에너지 사용과 교통 흐름, 공공 시설 운영을 통합적으로 관리하는 스마트 시티 구축이 가능해진다. 일례로 건물 내부의 조명이나 온도, 보안 등은 KNX 같은 솔루션으로 제어하고, 스마트 미터링 시스템을 통해 에너지 사용 데이터를 실시간으로 수집해 도시 전체의 에너지 효율을 높이는 식이다. 이는 네 가지 주요 이점을 지닌다. 첫째, 에너지 효율 상승이다. 불필요한

(위) KNX 시스템 기반의
터치 디스플레이형 제어 스위치
'LS Touch'
(아래) LS Touch 스위치가
설치된 모습

에너지 낭비를 줄여 지속 가능한 도시 환경을 조성할 수 있다. 둘째, 운영 비용 절감이다. 자동화된 관리와 실시간 데이터 교환을 통해 도시 운영비를 낮출 수 있다. 셋째, 도시 관리의 편의성 향상이다. 각종 문제를 신속히 파악하고 자원을 효율적으로 배분할 수 있다. 넷째, 궁극적으로 주민의 삶의 질이 높아진다. 공공시설 상태를 실시간으로 파악하고, 안전과 편리성을 동시에 향상시킬 수 있기 때문이다.

융이 지원하는 KNX IoT와 BIM 기술은 이런 통합을 한층 원활하게 만든다. KNX IoT는 여러 건물 및 도시 인프라 간 데이터를 중앙에서 통합 관리할 수 있도록 하며, BIM 기술은 건축물의 디지털 트윈을 활용해 시뮬레이션 및 시스템 간 상호작용 분석을 가능하게 한다. 융은 이를 통해 스마트 시티 통합 시스템 구축을 지원하며, 효율적이면서도 지속 가능한 도시 환경을 조성하는 데 기여하고 있다.

감: 융이 내다보는 미래와 추구하는 방향은 무엇이며, 이를 통해 기대하는 변화는 무엇인가?

이: 융은 기술과 디자인이 융합된, 스마트하고 지속 가능한 환경을 구현하는 데 주안점을 두고 있다. IoT와 스마트 제어 시스템을 활용해 건물, 사람, 환경이 유기적으로 연결되도록 함으로써 사용자가 더욱 효율적이고 편리한 삶을 누릴 수 있도록 지원한다. 이는 차세대 스마트 시티로 나아가기 위한 혁신 기술 개발과도 연결된다. 또한, 건축과 인테리어 디자인 가치를 유지하면서 스마트 기술을 접목해 사용자 경험을 극대화하는 것을 목표로 한다. 디지털 트윈, BIM, 스마트 미터링 등 첨단 기술을 도입해 도시와 자연이 조화를 이루는 지속 가능한 사회를 구현하고자 한다.

감: 융코리아가 향후 국내시장에서 중점적으로 추진하고자 하는 바를 소개해 달라.

이: 융코리아는 제품 공급을 넘어 기획, 설계, 시공, 유지보수까지 전 과정에 맞춤형 종합 솔루션을 제공하고 있다. 삼성전자 등 국내 주요 기술 기업과 협력해 IoT 기반 스마트싱스 플랫폼과 연동되는 KNX IoT 제품을 선보였으며, 국내 중소기업과 협력해 개발한 대기전력 차단 콘센트를 역수출하는 등 해외시장도 확대하고 있다. 에너지 효율과 환경적 책임을 함께 고려한 솔루션을 제시하는 것이 융코리아의 중요한 과제다. 앞으로도 IoT 기술과의 융합, 보안 강화, 확장성을 고려한 제품 개발로 한국 시장에서 스마트 건축 및 환경 분야의 선두주자가 되고자 한다. 고급스러운 디자인과 첨단 기술이 결합된 솔루션을 통해 스마트 건축 시장의 발전에 기여하고, 다양한 파트너십과 협업을 통해 국내시장에서 스마트 건축 생태계를 더욱 확장해 나가려 한다. 궁극적으로는 효율적이고 지속 가능한 건축 환경을 실현하는 데 앞장설 계획이다.

1) BIM: 건물 자동화 시스템을 뜻하는 'Building Information Modeling'의 준말이다.
2) 스마트 미터링Smart metering: 전력, 가스, 물 등 에너지 사용량을 지속적으로 모니터링하고 적절한 사용 여부를 평가하며 시각화하는 디지털 전자식 계량 기술을 뜻한다.

융 JUNG

다채로운 소재와 컬러 옵션으로 제작되는 고품격 디자인 배선기구와 스마트 홈 및 스마트 빌딩을 위한 첨단 자동 제어 솔루션을 제공하는 독일 프리미엄 브랜드다. 대한민국 시장에서는 한국 지사인 융코리아일렉트릭㈜이 안전하면서도 편리한 스마트 건물을 구현하도록 도와주는 다양한 제품 및 시스템을 공급하고 있다.

융코리아일렉트릭(주) JUNG KOREA ELECTRIC CO., LTD.

디자인과 기술을 중시하는 프리미엄 스마트 제어 솔루션을 제공하는 회사로, 독일의 본사 JUNG(융)의 철학을 바탕으로 전통적인 유럽 디자인과 최신 스마트 제어 기술을 결합해 고급스러운 주거·상업 공간을 창출한다. KNX, JUNG HOME 등의 건물 제어 시스템 및 고품격 디자인 배선기구 등을 포함한 스마트 건축 제품 및 솔루션을 제공해 오고 있다. 스마트 빌딩·호텔 및 프리미엄 주택 등 다수의 프로젝트를 진행하며 고품질의 제품 및 혁신적 기술을 통해 지속 가능한 미래로의 건축 솔루션을 제공한다.

4

PROJECT

Control

기술이 사람에게 자연스러워질 때: 삼성물산 Bynd

Bynd 사업그룹 H&B플랫폼사업팀

인공지능과 로봇을 비롯한 첨단 IT 기술이 우리의 상상을 넘어서며 빠르게 발전하는 지금, '제어'는 인간의 손끝과 기술이 맞닿는 지점에서 우리를 기다리고 있다. 최근 일부 아파트에서는 홈 패드나 모바일 앱을 통해 개인이 직접 환경을 제어할 수 있는 시스템을 제공하며 일상의 변화를 체감할 수 있도록 돕고 있다. 하지만 상업용 건물의 경우, 냉난방이나 조명, 보안 등의 시스템이 여전히 관리자를 중심으로 한 중앙 제어 방식으로 운영되기 때문에 일반 사용자들이 기술의 발전을 피부로 느끼기는 어렵다. '스마트(Smart)'라는 단어가 붙은 스마트폰, 스마트 TV, 스마트 홈, 심지어 스마트 팜까지 우리 생활 곳곳에서 빠르게 자리 잡은 반면, '스마트 빌딩'이라는 개념은 여전히 생소하게 느껴질 정도로 상업용 건물의 디지털 전환 속도는 더딘 편이다. 건물을 이용자의 관점에서 최종 소비재로 바라본다면, 건물 제어 기술은 단지 관리 효율성을 높이는 것을 넘어 더욱 즐겁고 편리한 경험을 제공해야 한다. 이러한 맥락에서 바인드Bynd 플랫폼은 사용자에게 '사람과 더욱 가까워지는 공간'을 제공하는 미래의 제어 기술이 될 수 있을까? 그 가능성을 엿본다.

-
에디터 **박소정**
인터뷰이 **전혜문, 이근기, 강윤규, 김성은, 이영은, 최다운, 송혜미**
자료 제공 **삼성물산**

감씨(감): 등기부등본이나 건축물대장과 같은 복잡한 절차를 거치지 않더라도 건물(공간)의 정보를 쉽게 확인할 수 있는 시스템은 아날로그 환경에 대응할 수 있는 효과적인 대안이 될 수 있다. 건물의 히스토리를 파악하려는 목적이 사업의 시작점이었나?

바인드(바): 처음부터 건물의 히스토리를 파악하는 것이 사업의 주요 목표였던 것은 아니다. 오히려 '건물'이라는 공간이 직관적이고 이해하기 쉬운 방식으로 사람들에게 다가갈 수 있어야 한다는 문제의식에서 출발했다. 기존의 등기부등본이나 건축물 대장 같은 공적 서류들은 표면적인 정보만을 제공하기 때문에 건물의 실제 현황이나 맥락을 파악하기는 어려웠다. 결국, 우리가 살아가면서 마주하는 건물은 단순한 물리적 구조물이 아니라, 그 안에서 시간과 경험이 쌓이고, 사람이 연결되는 중요한 공간이라고 생각한다. 이런 관점에서, 건물에 대한 정보를 더 직관적으로 제공하고, 누구나 쉽게 이해할 수 있도록 하는 것이 필요하다고 느꼈다.

건물의 히스토리를 제공하는 것은 이 과정에서 자연스럽게 도출된 핵심 요소 중 하나였고, 이를 통해 건물이 단순한 부동산 자산이 아니라, 보다 사람과의 관계 속에서 살아있는 공간으로 이해될 수 있도록 돕고자 했다. 결국, 우리가 만들고 있는 플랫폼은 단순히 건물의 데이터 쉽게 열람하는 것이 아니라, '건물과 사람을 연결하는 더 나은 방식'을 고민한 결과라고 할 수 있다.

감: 삼성물산과 같은 대형 건설사가 직접 건물 관리 플랫폼을 개발한 것이 다소 특이하다. 건설사가 직접 플랫폼 개발에 나서게 된 이유는 무엇인가?

바: 대형 건설사의 궁극적인 목표는 단순히 건물을 설계하고 시공하는 것에 그치지 않고, 보다 더 나은 공간과 유용한 공간을 제공하며, 이를 사용하는 사람들의 경험을 향상시키는 데 있다. 그러나 초기 설계와 시공 단계에서 사용자의 경험을 고려했음에도 불구하고, 실제로는 의도가 제대로 반영되지 않거나 기대 이하로 구현되는 경우가 많았다.

삼성물산은 이러한 한계를 극복하기 위해 물리적인 공간의 제공을 넘어 공간의 운영 및 활용 방식까지 관리하고 개입해야 할 필요성을 인지하게 됐다. 자연스럽게 건물 서비스 영역까지 사업을 확장하며 바인드라는 플랫폼을 개발하게 된 것이다. 대형 건설사를 흔히 '종합건설사'라고 표현하는데, 이는 건물 내 모든 공종과 시스템에 대한 전문성뿐 아니라 다양한 협력사 네트워크까지 보유한 종합적 역량을 의미한다. 이는 하드웨어

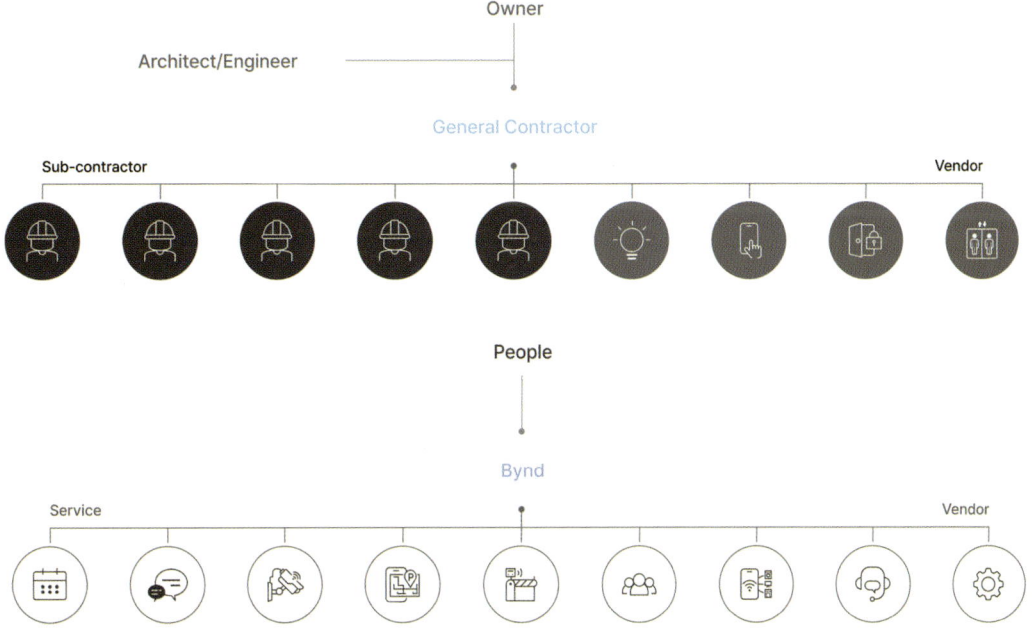

종합건설사(위)와 바인드(아래)의 역할은 비슷하다.

뿐만 아니라 소프트웨어 측면에서, 더욱이 플랫폼 구축에 있어서는 매우 중요한 부분이다. 바인드 플랫폼 개발의 목적은 기존 시장에서 경쟁을 촉진하기보다는, 다양한 전문 기업과의 협력을 통해 부동산 업계에서 새로운 시장을 형성하고 상생하는 데 있다. 삼성물산은 바인드를 통해 각 분야의 전문 기업들이 모여 최고의 공간과 서비스를 제공할 수 있도록 협력하는 환경을 조성하고자 한다.

감: 바인드만의 기술적 특징은 무엇인가?
바: 바인드의 차별화된 기술적 특징 중 하나는 일반적인 플랫폼이 아닌 건물에 최적화된 아키텍처를 건설사에서 직접 만들었다는 것이다. 이는 사용자가 겉으로 쉽게 체감하기 어렵지만, 바인드 시스템의 핵심적인 구성 요소 중 하나다. 과거 건설업의 어려움을 설명하며 "세상에 같은 사람이 없듯, 건물도 모두 달라 매번 새롭고 어렵다"고 표현한 적이 있다. 이는 각 건물이 지닌 환경적 특성이 다른 까닭에 그에 맞춰 유연하게 대응할 수 있는 기술 개발이 바인드에게 중요한 과제였다는 점을 의미한다. 특히 상업용 건물은 용도와 규모, 사용자 등 다양한 요소가 복잡하게 얽혀 있기 때문에 내부의 다양한 기기와 시스템을 표준화하고 유기적으로 연결하는 일이 매우 중요하다. 바인드는 이러한 과제를 해결하기 위해 기존의 일반적인 클라우드 서비스를 단순히 적용하는 데 그치지 않고, 오피스 및 상업용 건물에 특화된 클라우드 아키텍처를 새롭게 설계했다. 이를 위해 세계적인 클라우드 선도기업인 AWS와 오랜 기간 협업하며, 삼성물산만의 독자적인 클라우드 시스템을 구축했다.

바인드는 빌딩에 필요한 서비스를 레고 블록처럼 조립하는 모듈식 설계를 기반으로 구성된다. 이를 위해 13종의 표준 데이터를 체계적으로 구축했다.

회의실 예약

자동 공지

방문자 등록

원패스 주차/출입

회의실 사전 준비

공용 공간 예약

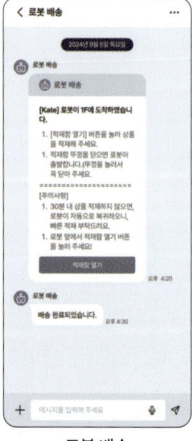
로봇 배송

빈틈없는 서비스를 보유한 바인드 앱은 오피스 업무 흐름에 따라 자연스러운 메뉴를 제공한다.

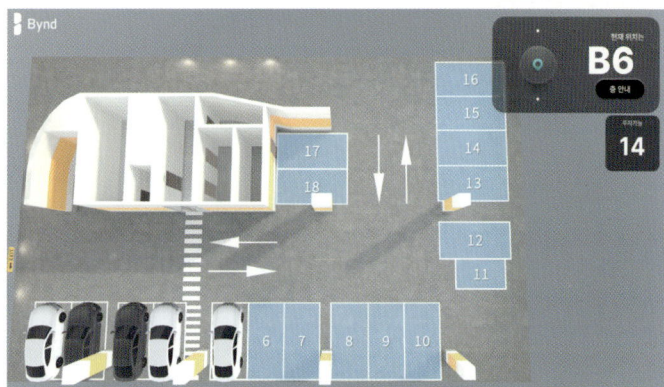

하나의 버튼으로 여러 기능을 한 번에
구현할 수 있는 기능과 직관적으로
표현되는 실시간 제어 및 현황

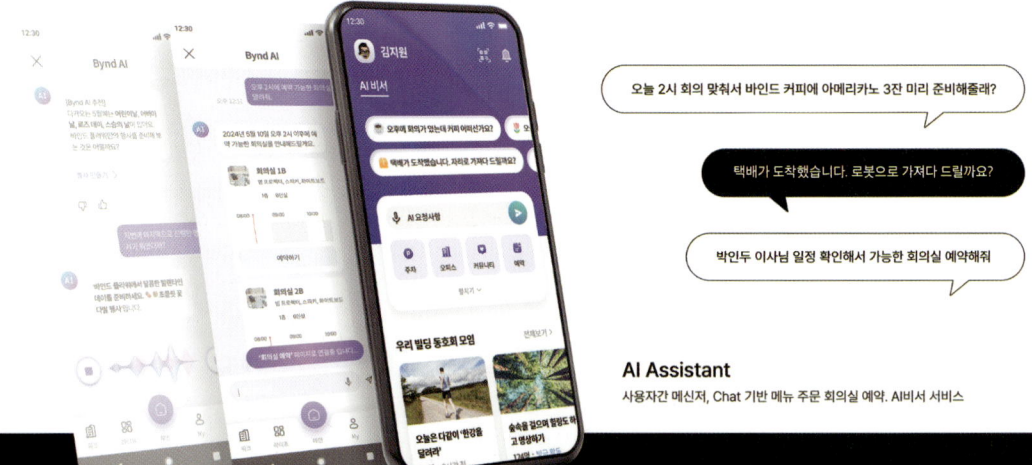

바인드 AI

구축한 데이터는 바인드를 활용하는 파트너사와 공유하며 일종의 가이드북 역할을 하고 이를 통해 다양한 시스템과 원활하게 소통할 수 있다. 결과적으로 바인드는 단순한 건물 제어 솔루션에서 더 나아가 건물 전체를 하나의 통합 시스템처럼 활용할 수 있도록 하는 기술적 기반을 제공하는 플랫폼으로 자리 잡았다.

감: 업무 환경에서 사용자가 가장 필요로 하는 기술은 무엇이라고 판단했나?

바: 가장 중요한 요소로 흔히 업무 생산성과 집중도를 꼽지만, 현실에서 직원들이 진정으로 바라는 것은 따로 있다. 출퇴근이 자유로웠으면 좋겠고, 주차가 편리했으면 하고, 불필요한 업무 보고를 줄이고 싶다는 것이 직원들의 솔직한 마음이다. 이러한 내면의 소리에 가려져 업무의 생산성과 집중도와 같은 요인은 오히려 상대적으로 덜 중요하게 느껴지기도 한다. 이처럼 일상에서 묵인하고 지내는 불편함을 '이미 익숙해진 불편함'이라고 정의할 수 있다. 예를 들어 사무실 공기가 답답한 것, 빈 회의실이나 화장실을 찾아 헤매는 것, 방문객이 주차하는 데 어려움을 겪는 것, 승강기 대기 시간이 길어 원치 않는 곳에서 점심을 해결하는 것, 퇴근하면서 조명이나 에어컨을 끄지 않고 가는 상황 등이 이에 해당한다. 이미 익숙해진 불편함이 개선될 것이란 기대감이 크지 않기 때문에 많은 직원이 불편한 오피스 환경에

스스로를 맞추고 있다. 이제는 직원들이 환경에 맞추는 것이 아니라, 환경이 직원들에게 맞춰지는 오피스를 구현할 필요가 있다. 방문객과 함께하는 미팅을 예로 들어보자. 기존에는 미팅 전 회의실 예약, 방문객과의 일정 및 장소 공유부터 미팅 당일의 회의실 세팅, 음료 준비, 방문객 주차 등록 및 의전까지 복잡한 과정이 뒤따랐다. 그러나 바인드의 통합 기술을 활용하면 이러한 모든 절차를 한 번에 간편하게 처리할 수 있다. 바인드 AI 대화 기술을 통해 빈 회의실을 자동으로 예약하고, 바인드 앱과 연동된 주차 시스템, 매장 주문 시스템, 출입 관리 시스템으로 방문객에게 필요한 모든 정보를 손쉽게 제공할 수 있다. 또한, 회의 전후에 조명과 냉난방이 최적화된 상태로 자동 조절된다. 업무 흐름에 따라 공간과 서비스가 자연스럽게 연결된다면 직원들은 더욱 효율적인 환경 속에서 업무에만 집중할 수 있을 것이다.

감: 소개된 기술은 직관적이고 익숙한 방식으로 접근할 수 있는 만큼, 냉정하게 바라보면 혁신적이거나 미래지향적이라는 인상을 주지는 않을 수 있다. 어떤 지점을 혁신적인 기술이라고 평가할 수 있을까?

바: 바인드가 추구하는 방향은 '가장 낯선 기술을 가장 편안하게 사용할 수 있는 환경'을 만드는 것이다. 미래지향적인 기술이라 할지라도 사용자가 쉽고 편리하게 사용하지 못한다면, 그것은

혁신이라기보다는 단순한 기술적 가능성에 그칠 뿐이다. 바인드는 '내가 기술에 맞추는' 것이 아니라 '기술이 나에게 맞춰주는' 기술적 방향을 제안하고 있으며, 사람과 기술의 자연스러운 결합을 목표로 한다. 인공지능 기반의 자동화 기술은 이미 다양한 산업 분야에 폭넓게 활용되고 있다. 따라서 우리가 집중하는 부분은 눈에 잘 띄지 않으면서도 빠르게 발전하는 기술들을 실제 건물 환경에 자연스럽게 녹여내는 방법이다. 바인드가 제안하는 바인드 AI, 바인드 키오스크 솔루션은 이러한 고민의 결과물이다. 사용자들이 건물 안에서 부담 없이 인공지능 기반 환경을 경험할 수 있도록 개발한 것이 바로 바인드 AI 기술이며, 고도화된 기술을 더욱 쉽고 직관적으로 활용할 수 있도록 디지털 트윈으로 구현한 것이 바인드 키오스크다.

감: 바인드와 같은 플랫폼은 건물의 유지관리 측면에서 장기적으로 비용 절감을 실현할 수 있지만, 초기 투자 비용이 적지 않아 사용자 입장에서는 부담으로 다가올 수 있다. 실제로 이러한 플랫폼이 비용 절감에 어느 정도 기여하는지 궁금하다.

바: 기존의 건물 제어 기술은 운영자 중심으로 발전해 왔으나, 이제는 사용자 중심의 방향으로 나아갈 필요가 있다. 비용과 관련된 것이니 명확한 접근을 위해 수치를 들어보면, 일례로 약 20층 이상의 중규모 오피스 건물에서 관리 비용은 연간 약 30억~50억 원 정도가 소요된다. 이곳에서 연봉 4천만 원의 임직원 1,500명이 근무한다고 가정하면, 이들의 전체 임금 규모는 연간 600억 원에 달하며 건물 관리비용의 약 10배가 넘는 수치다. 이때 동일한 예산을 투자한다고 가정하면 관리비 절감에만 초점을 맞추는 것이 나을지, 아니면 임직원 1,500명의 생산성을 높일 수 있도록 근무 환경을 개선하는 데에도 투자하는 것이 좋을지 생각해 봐야 한다. 물론 확실한 절감 효과를 장담할 수 없기에 정답은 있지는 않지만, 지금까지 바인드를 적용한 사례들을 보면 각 건물이 처한 상황과 직접 효율성을 체감할 수 있는 부분을 반영해 투자를 결정해 왔다. 바인드의 역할은 비단 빌딩 시스템에 대한 것뿐만 아니라 지역, 회사 규모, 임차사와 상권 특성까지 고려하여 최적의 기능과 비용을 융통성 있게 담아내는 것이다. 그렇기에 일부 기능은 직접 내재화하기도 하지만, 경쟁력을 가진 타사의 솔루션과 연동하여 제안하는 것도 바인드의 주요한 역할 중 하나다.

또한 빌딩 시스템을 리모델링하는 경우에도 절감 효과를 가져올 수 있다. 예를 들어 보자. 처음 넷플릭스 서비스에 가입했을 때 집에서 넷플릭스를 보는 방법은 적어도 세 가지 이상이었다. 스마트 TV의 메뉴 앱, IPTV 셋톱의 앱, 스마트폰 미러링까지. 수개월 후 IPTV를 거의 보지 않는다는 사실을 알게 되었고, 자신에게 꼭 필요한 화질과 옵션으로 사양을 변경해 비용을 절감했다. 건물도 마찬가지다. 필요한 기술을 선정하다 보면

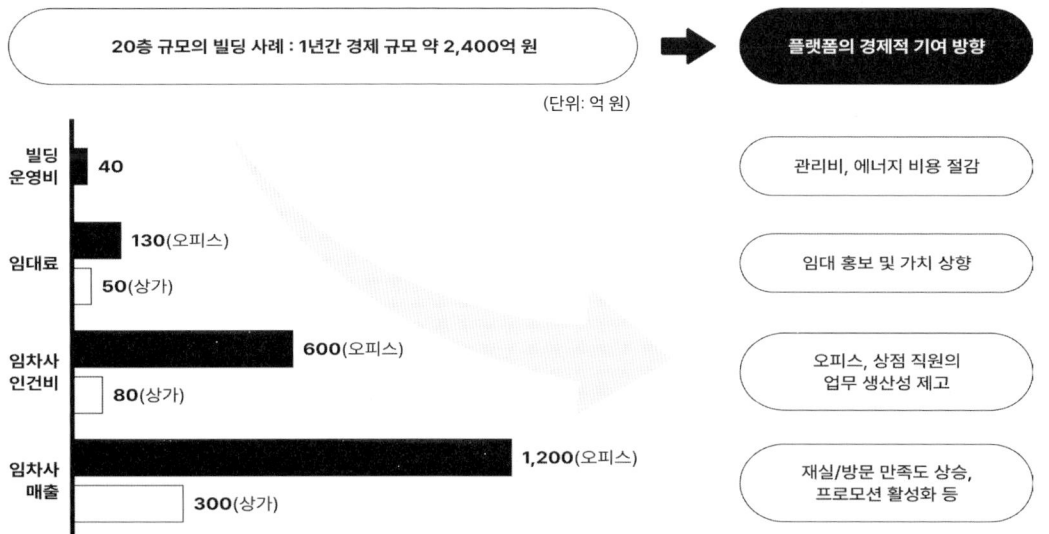

관리자를 위한 빌딩 운영 시스템 대비 전체 사용자를 대상으로 한 빌딩 플랫폼은 거의 60배에 다다르는 경제 규모에 기여가 가능하다.

불필요한 기능이 포함되거나 중복되는 경우가 있다. 바인드는 통신을 활용한 원격 혹은 시나리오 제어로 하드웨어를 간소화하는 것이 가능하기 때문에 시스템 비용을 절감하는 것이 가능하다.

감: 바인드 플랫폼은 특정 기업의 제한 없이 다양한 회사의 제품을 유연하게 활용할 수 있다는 강점이 있다. 추후 바인드가 추구하는 궁극적인 목적은 무엇인가?

바: 지금은 당연한 기술이지만, 빌딩에 엘리베이터가 없는 시절이 있었다. 또, 자동문이 없는 시절도 있었다. 그러나 지금은 빌딩에 로봇이 돌아다니고, 스마트 센서가 실시간으로 데이터를 수집하는 등 다양한 기술이 유입되고 있다. 지금은 어색하게 느껴지는 기술도 언젠가는 빌딩의 일상이 될 것이다. 과거에도 그랬고, 앞으로도 그럴 것이다.

바인드는 단순히 여러 기술을 연결하는 플랫폼이 아니다. 우리는 빌딩이라는 공간 속에서 기술들이 자연스럽게 녹아들고, 결국 빌딩 자체가 더 직관적인 존재가 되도록 하고자 한다. 특정 기업의 제품에 한정되지 않고 다양한 기술을 유연하게 연결하는 이유도, 단순한 기능 추가가 아닌 빌딩이 변화하는 방식을 몇몇의 솔루션, 몇몇의 빌딩만이 아닌 패러다임 전체를 바꾸기 위해서다. 바인드는 이런 변화의 흐름에 먼저 올라타, 빌딩의 미래를 꿈꾸고 그 미래가 일상이 되도록 첫 시도를 해보는 플랫폼이다. 바인드가 적용된 빌딩을 경험한 사용자는 단순히 편리한 공간을 넘어, 기존과는 전혀 다른 빌딩 라이프를 체험하게 될 것이다.

감: 바인드가 클라우드 서버를 통해 수집한 건축물 데이터는 어떻게 활용되고 있는지, 보안 관리는 어떻게 이루어지고 있는지 궁금하다.

바: 삼성물산은 정보 보안 측면에서 매우 신중하고 보수적인 기준을 유지하고 있다. 따라서 데이터 관리와 활용에 있어 철저한 보안 원칙을 적용한다. 건물에서 생성되는 데이터는 원칙적으로 건물주 소유이며, 바인드는 해당 건물 내부에서만 암호화된 상태로 데이터를 활용한다. 또한, 클라우드 플랫폼을 통해 각 고객에게 맞춤형 데이터 인사이트(분석 환경)를 제공한다.

추후 안전하고 스마트한 바인드를 사용하고 있다는 인증마크를 제공, 배포할 예정이다.

감: 다양한 시스템을 도입해 제어 분야를 확장하는 것과 특정 분야의 기술적 정확도를 높이는 것 중 어떤 부분에 더 중점을 두고 있는가?

바: 바인드는 제어 분야의 다양성 확대에 중점을 두고 있다. 특정 기술의 정밀도 향상은 이미 뛰어난 역량을 가진 전문 업체들이 담당하고 있다. 바인드는 종합건설사로서 우리가 가장 잘 할 수 있는 역할에 집중하고자 한다. 우리의 핵심 역할은 개별 기술들이 하나의 건물 시스템 내에서 유기적으로 통합되고, 지속적인 확장이 가능하도록 플랫폼을 개발하며, 협력적 사업 모델을 구축하는 것이다. 이러한 전략의 일환으로 올 하반기 바인드 마켓플레이스를 선보일 예정이다. 그동안 소문이나 인맥을 통하거나 개별적으로 찾아야 했던 빌딩 관련 하드웨어 및 소프트웨어를 온라인에서 한눈에 검색/비교/구매할 수 있으며, 가상 공간에 적용하여 추천 패키지 및 예상 견적을 손쉽게 산출할 수 있는 서비스까지 지원한다.

바인드 마켓플레이스: 가상의 스마트 회의실 구성 화면

감: 기술 구현 과정에서 가장 어려운 점과 향후 개선해야 할 부분은 무엇인가?

바: 크게 사용자 측면과 사업적 측면 두 가지로 나눌 수 있다. 첫째, 사용자가 편리하고 쾌적하게 건물을 이용할 수 있도록 앱과 키오스크는 직관적인 인터페이스를 갖추고, 지연 없이 빠르게 작동해야 한다. 또한 과도한 비용이 발생하지 않도록 데이터 트래픽 역시 최적화돼야 한다. 3D 소프트웨어를 능숙하게 사용하는 전문가조차도 새로운 디자인 도구에 익숙해지기까지 일정 시간이 필요하다. 바인드는 처음 사용하는 사람이라도 누구나 쉽게 사용할 수 있도록 기술을 개발했지만, 여전히 사용자 친화성을 높이기 위해 개선해 나갈 계획이다.

둘째, 다양한 건물의 특성에 맞는 소프트웨어를 개별적으로 개발하고 다른 서비스와 연동하는 작업은 사업 확장에 있어 큰 어려움이 될 수 있다. 이를 해결하기 위해 바인드는 건설업계에서 사용해 온 기존의 정보 체계와 통신 방식을 기반으로 표준화된 데이터 세트를 구축하고, 이를 토대로 지속 가능한 기술을 개발하며 파트너사와의 협력을 강화하고 있다. 건물의 용도와 규모, 시스템이 매우 다양하고 복잡한 사용자와 임차 관계를 반영한 권한 설정 및 공간 사용자 정의 기능도 모든 상황을 대비할 수 있도록 플랫폼에 반영해야 한다.

삼성물산 건설부문 Bynd 사업그룹
종합적인 건물 설계·시공 경쟁력을 확장하여, 공간 운영과 사용자 경험 전반을 아우르는 IT 기반의 빌딩 플랫폼 비지니스를 전개하는 조직이다. 공간 내 모든 접점을 디지털화하여 사람들이 공간을 더 편리하고 쉽게 경험할 수 있도록 돕고 있다. 2024년 10월 공식 브랜드 런칭 이후, 다양한 파트너사와 함께 플랫폼 생태계를 넓혀가며 협력 기반 프로젝트를 추진하고 있다.

Smart

기술은 공간을 어떻게 바꾸는가:
아주디자인그룹의 실험

아주디자인그룹 전략기획부

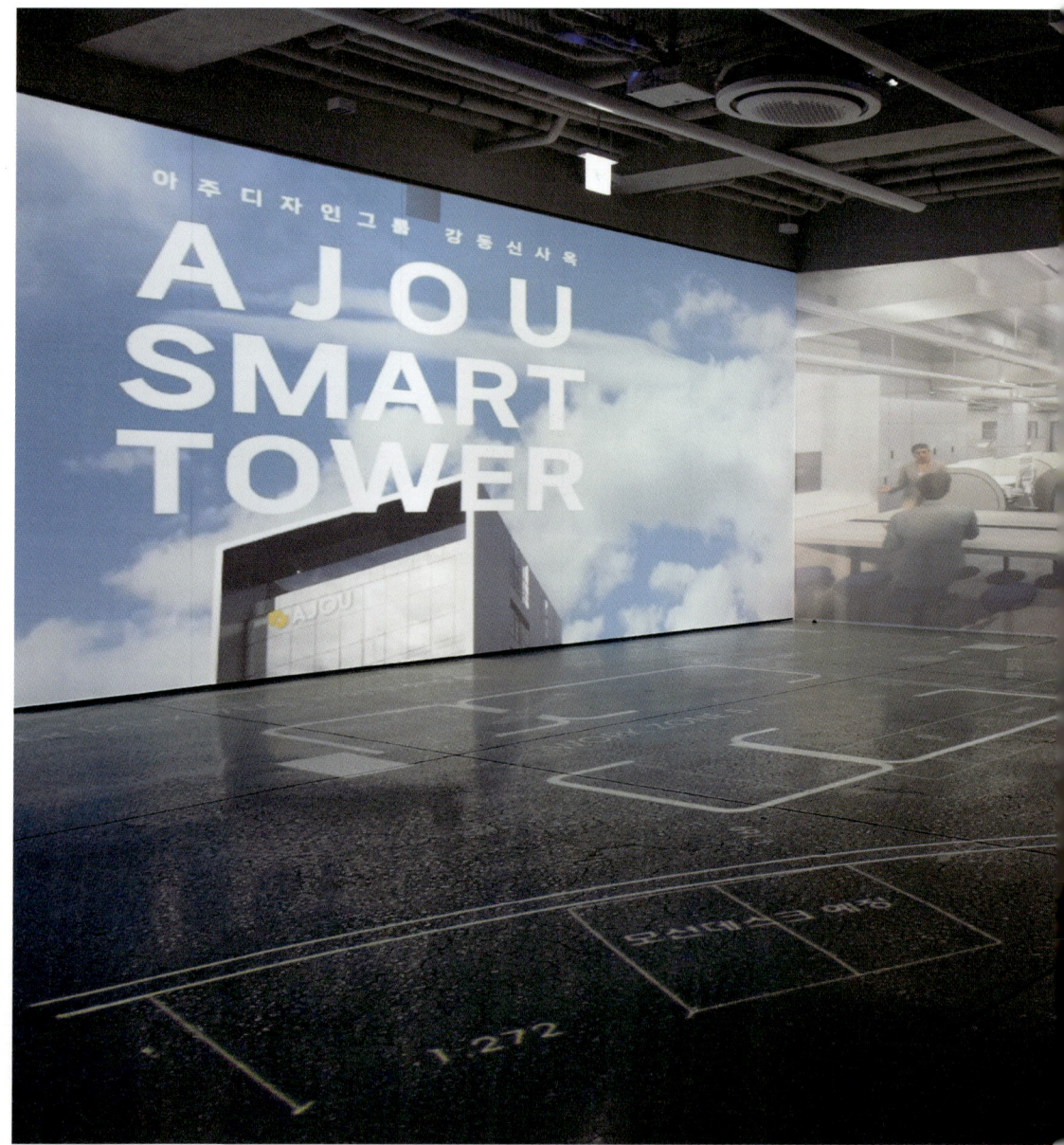

스마트 강당에 설치된 다면 프로젝션

이제 모든 것이 사용자 맞춤형인 시대다. 아주디자인그룹은 직원과 사용자가 원하는 기능을 담은
신사옥 '아주스마트타워'를 완성하고 이전을 마쳤다. 유행이 아닌 네트워크와 자연환경이 좋은
곳을 선택해 아직 미완성인 고덕비즈밸리에 자리 잡았다. 이곳에 들어서면 기술과 감성이 어우러진
인테리어, 환영의 웰컴 보드, 에너지 모니터 등 건물과 자연스레 소통하는 경험을 할 수 있다. 간결한
외관은 중소형 건물의 새로운 기준을 제시하겠다는 포부를 담고 있다. 아주스마트타워를 통해
스마트 빌딩의 미래를 엿볼 수 있다.

-
에디터 박소정
인터뷰이 박혜진, 김호진,
손승표, 이영주, 류해랑

**감씨(감): 아주디자인그룹의 신사옥 이전은 회사의
새로운 도약으로 읽힌다. 입지 선정, 디테일한 설계,
브랜딩 리뉴얼, IT 기술 도입 등 다양한 변화를
시도한 것도 눈에 띄는 부분이다. 건물에 대해
간단히 설명해 달라.**
아주디자인그룹(아): 아주디자인그룹의 신사옥
이전은 단순한 공간 이동이 아니라, 새로운 기준을
제시하는 중요한 도약이었다. 기존 사옥은 공간이
협소해 스마트 빌딩 기술을 적용에 한계가 있었다.
공간 확장과 더불어 첨단 기술 구현을 위해 새로운
공간이 필요했다. 신사옥이 들어선 고덕비즈밸리는
강동구 고덕동에 위치한 첨단 업무 복합단지로,
공모를 통해 IT, 디자인, 보안, 엔터테인먼트 등
다양한 분야의 기업들이 입주하여 산업 간 시너지
효과를 기대할 수 있는 지역이다. 아주디자인그룹은
그 사이에서 한강뷰를 갖춘 좋은 위치에 선정됐다.
이후 다양한 상업 및 문화시설까지 들어서며
강남 지역의 대안적 업무지구로 주목받고 있다.
아주스마트타워의 설계 콘셉트는 '연결'이다. 건물
외관은 미니멀리즘을 기반으로 간결하고 심플한
형태를 유지하며 건축 본연의 미학과 원재료의
질감을 강조한다. 이는 기능적 효율성과 미적
아름다움을 동시에 충족하며, 스마트 빌딩의
첨단 IT 기술과 결합해 스마트 오피스 기능을
극대화할 수 있는 기반이 된다. 아주스마트타워는
하드웨어(건물)와 소프트웨어(IT 기술)가 완벽히
융합된 살아있는 유기체 같은 공간을 지향한다.

**감: 아주디자인그룹의 변화를 이끈 계기와 그 과정
전반에 대한 이야기를 듣고 싶다.**
아: 아주디자인그룹은 스마트 오피스 설계 및
시공 분야에서 선도적 위치를 확보하고, 급변하는
시장 환경에 능동적으로 대응하기 위해 단순히
인테리어 디자인을 변화하는 데 그치지 않고 건물
자체에 IoT 기반 첨단 기술을 접목해 사용자 중심의

아주스마트타워는 디지털 트윈을 활용해 건물 현황을 실시간으로 확인할 수 있다.

공간 경험을 창출하고자 했다. 아주디자인그룹의 신사옥인 '아주스마트타워' 프로젝트는 이러한 목표를 구체화하는 계기가 됐다. 이를 실현하기 위해 삼성물산의 스마트 빌딩 플랫폼인 '바인드(Bynd)'와 협력하게 됐다. 바인드와의 협업은 주로 AI와 IoT, 클라우드 기술을 활용한 스마트 빌딩 솔루션 구축에 초점을 맞추고 있다.

설계 단계부터 기술 통합과 사용자 편의성을 체계적으로 반영해 계획을 수립했고, 아주디자인그룹은 자사의 공간 설계 전문성을 바탕으로 바인드 플랫폼이 최적의 성능을 발휘할 수 있도록 환경을 조성했다. 준공 이후에도 바인드를 기획한 삼성물산과 협업을 지속하고 있으며 바인드 플랫폼에서 제공하는 데이터 분석과 사용자 피드백을 통해 건물 운영의 효율성을 높이고 서비스를 지속적으로 개선 및 확장하는 방안을 모색하고 있다. 이를 통해 스마트 빌딩 시장에서 경쟁력을 강화하고, 고객 및 파트너와의 새로운 협업 기회를 창출하는 등의 지속 가능한 성장 기반을 마련할 계획이다.

감: 설계 초기부터 바인드를 염두에 두고 작업한 것이 인상적이다. 초기 도입 계기부터 현재까지의 협업 과정은 어떻게 진행됐나?
아: 기존 건물 운영 방식에서는 건물 소유주, 시설 관리자, 사용자가 개별적으로 시스템을 사용하기 때문에 비용 중복, 관리의 비효율성 등의 문제가 있었다. 우리는 중소형 건물 특성에 맞춘 무인화 관리 시스템을 도입해 비용을 최소화하고, IoT 기반의 스마트 빌딩 기술을 접목한 새로운 건물 운영 방식을 구현하고자 했다. 이를 실현하기 위해서는 건물을 하나의 유기체처럼 통합 관리할 수 있는 플랫폼이 필요했고, 이에 삼성물산과 협업하게 됐다.

설계 초기 단계부터 주차 관리, 음식 및 음료 배달 로봇 운용, 건물 출입 관리, 회의실 예약, 건물 임대 및 시설 관리 등 관리자와 사용자 관점에서 효율적인 시스템 구축을 목표로 했다. 여러 기술 시나리오를 통합된 플랫폼에서 공유하고 제어할 필요가 있었기 때문에 바인드 플랫폼을 기반으로 한 '빌딩 플랫폼' 개념을 수립하고 구체화했다. 또한 건물 관리의 디지털 전환, AI 및 IoT 기반 최적화 운영 시스템 구축, 사용자 편의성을 높이는 기능 개발 등을 위해 바인드 앱을 도입했다. 최근에는 AI 기술을 접목해 업무 효율성을 높일 수 있는 방법을 모색하고 있다. 또, 바인드를 통해 수집한 데이터를 바탕으로 사용자 피드백을 반영해 새로운 기능을 추가하는 등의 논의를 이어가고 있다.

감: 아주스마트타워에는 '바인드'를 포함한 AI, IoT 기술이 적용됐다. 도입된 기술과 역할에 대해 구체적으로 설명해 달라.
아: 아주스마트타워에는 바인드 플랫폼을 중심으로 실시간 주차 관제 시스템, IoT 기반 출입 관리, 직관적인 건물 상태 모니터링을 위한 디지털 트윈, 각 층의 AI 카메라 보안 시스템, 영상 콘텐츠 관리를 위한 통합 CMS 솔루션, 그리고 국내 최초로 VIP층에 적용한 벨기에와 독일의 하이엔드 기술 기반의 IoT 통합 시스템 등을 도입해 보안성, 편의성, 운영 효율성을 모두 높이고 프리미엄 공간 경험을 제공하고 있다.

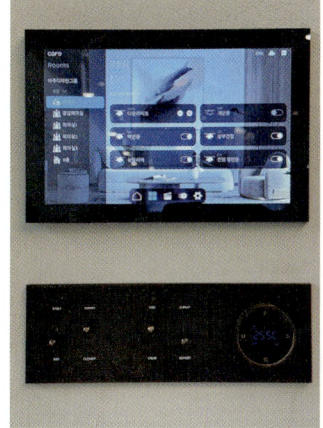
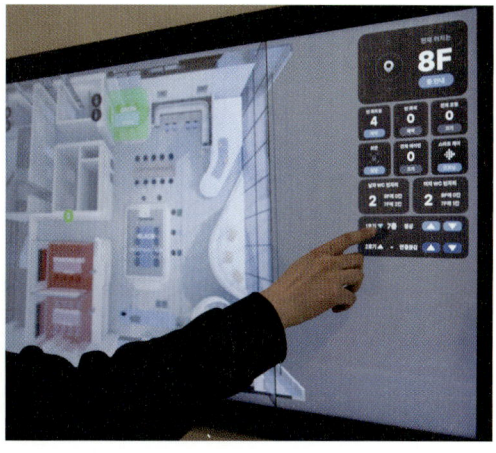

바인드를 활용한
조명 제어, 재실 현황 확인

감: 9개 층 중 5~7층을 실제 업무 공간으로 사용하고 있고 근무 인원도 많지 않은 편이다. 적은 인원임에도 불구하고 IoT 기술을 도입한 특별한 이유가 있나?

아: 아주스마트타워는 단순한 사옥이 아니라 스마트 오피스와 빌딩 플랫폼의 가능성을 시연하는 쇼피스(Showroom+Office) 역할을 수행한다. 우리는 이 공간을 통해 스마트 빌딩 기술을 직접 경험하고 사용자 중심의 혁신적인 오피스 환경에 대한 영감을 얻고자 했다.

아주스마트타워는 IoT 기술을 통해 업무 공간 뿐만 아니라 라운지, VIP 공간, 빌딩의 다른 입주사까지 폭 넓은 공간 경험을 제공하고 최적화된 건물 관리 시스템을 구현하는 것이다. 스마트 빌딩은 단순한 자동화 시스템을 넘어 사용자 경험 중심의 커넥티드 환경을 구축하는 것이 핵심이다. 더 나은 환경을 위해서는 건물 내 데이터들이 상호 연계되어 사용자의 요구를 실시간으로 반영하고 최적의 업무 환경을 제공하는 방향으로 발전해야 할 것이다. 이를 위해 우리가 직접 사용자가 되어 경험해 보는 것이 중요하다고 생각했다.

감: 조명 제어, 회의실 예약, 주차 관리 등의 기능은 바인드 플랫폼 없이도 구현 가능한 기술이다. 그럼에도 바인드를 통해 서비스를 하나로 통합한 이유는 무엇인가?

아: 건물 관리의 일관성과 사용자 편의성을 극대화하기 위함이다. 스마트 빌딩은 건물 자체가 하나의 디지털 디바이스와 같다. 따라서 건물 관리자와 사용자에게 필요한 기능들을 클라우드를 기반으로 연결해 효율적으로 관리할 필요가 있었다. 이를 위해 바인드 플랫폼을 중심으로 다양한 기능을 통합 관리하고 있다. 각 기능을 독립적인 시스템으로 구현하면 데이터 연계나 운영 효율성에 한계가 있지만, 바인드는 AI 및 IoT 기술을 통해 모든 기능을 하나의 네트워크에서 통합적으로 운영할 수 있도록 지원한다. 일례로 바인드를 활용한다면 주차-출입 관리-CMS-회의실 예약 등 다양한 기능을 하나의 동작으로 유기적으로 연계할 수 있으며, 업무 환경 역시 한 번의 조작으로 조명과 온도, 산소 포화도를 최적의 상태로 유지할 수 있다. 또한 관리자는 단일 인터페이스로 모든 서비스를 직관적으로 관리할 수 있어 효율적인 유지보수와 비용 절감이 가능하다.

감: 바인드 플랫폼은 건물 관리 측면에서 효율적인 시스템으로 보이지만, 사용자에게는 단순히 여러 앱을 통합한 또 다른 앱으로 느껴질 수도 있다. 실제 사용자들이 필요로 했던 기능은 무엇이며, 현재 가장 많이 사용하는 기능은 무엇인가?

아: 기존에는 출입, 예약, 시설 관리 등 여러 시스템이 개별적으로 운영되어 불편함이 있었다. 실제 사용자가 가장 원했던 것은 직관적인 사용 경험이었다. 현재 직원들이 가장 많이 활용하는 기능은 '원 버튼'이다. 이 버튼 하나로 조명과 온도, 산소 포화도, 좌석 예약 등의 여러 요소를 직관적으로 조작할 수 있어 효율적이다. 또, 디지털 트윈을 통해 건물 안의 모든 시스템을 실시간으로 관리하고 문제가 생겼을 때도 즉각 조치할 수 있다.

감: 시스템 도입 이후 유지 관리 측면에서 비용 절감 효과를 체감하고 있는지 궁금하다. 비용 절감 효과가 있다면 구체적인 사례를 공유해 달라.

아: 준공 이후 실제 시스템 운영에서 비용 절감 효과를 체감하고 있다. 자동화와 IoT 기술 도입으로 인력 관리 부분에서 특히 비용 절감 효과가 크다. 실제 청소로봇을 도입해 퇴근 후 정해진 시간에 자동으로 청소가 이루어지면서 미화 용역 인력의 관리 부담과 인건비를 절감했다. AI 카메라 기반의 자동 출입 및 보안 시스템 또한 별도의 보안 인력 없이 효과적인 운영이 가능하게 했다. 에너지

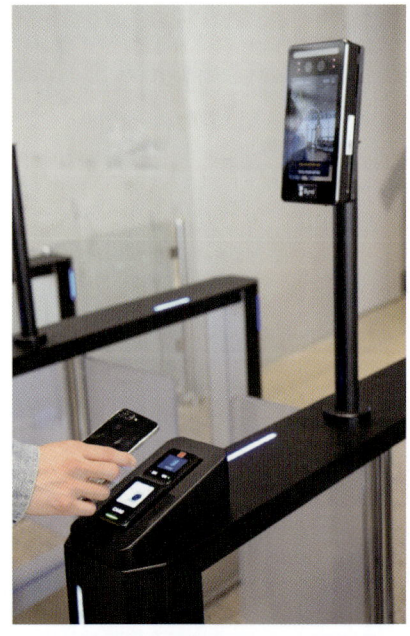

AI 카메라 기반의 자동 출입 시스템

음료 배달 로봇을 활용해 필요한 시간에 서비스를 제공받을 수 있다.

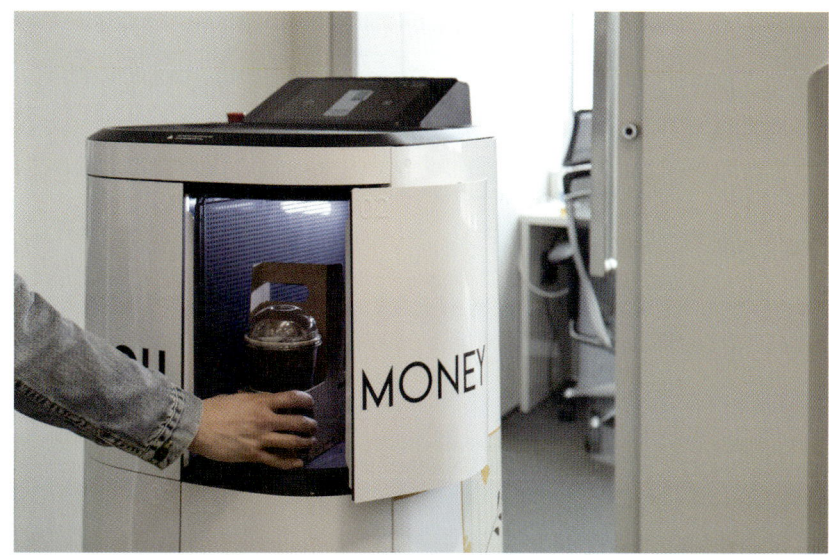
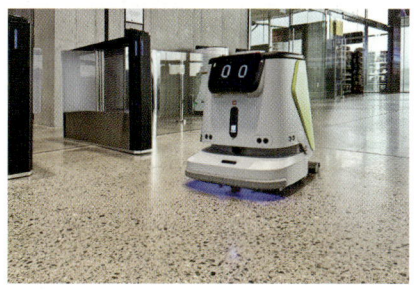
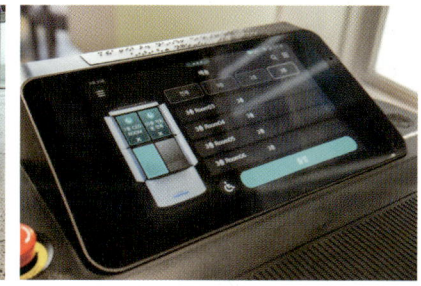

측면에서도 무선 센서를 통해 실시간 에너지 사용 패턴을 분석하고 효율적으로 관리하여 에너지 비용을 절감하고 있다. 실제 경험을 통해 태양광 패널과 같은 하드웨어 기반 에너지 절감보다 소프트웨어를 활용한 에너지 절감이 훨씬 효과적이라는 것을 확인했다.

감: 관련된 기술 지원이나 안내는 충분했는지도 궁금하다. 사용자 측면에서 바인드 사용법이 직관적이고 쉬운 편이었는지, 직원들의 반응은 어땠나?

아: AI를 활용한 음성 인식 기능을 통해 직관적으로 원하는 기능을 사용할 수 있다. 초기에는 사용자에게 매뉴얼을 제공하고 간단한 교육을 실시했으며, 이후에도 고객 채널을 통한 실시간 대응이 이루어지고 있어 사용에 큰 어려움은 없는 편이다. 직원들의 만족도 또한 높아졌다. 특히 반복적이고 번거로웠던 업무가 자동화되어 업무 효율이 높아졌고, 여러 단계를 거쳐야 했던 건물 관리 역시 바인드 앱을 통해 손쉽게 처리할 수 있게 됐다.

감: 오피스 환경에 대한 직원들의 주된 요구사항은 무엇이었으며 이를 어떻게 반영했는지 궁금하다.

아: 직원들은 회의실의 무단 점유나 예약 시간 초과 사용으로 인해 지속적으로 불편함을 느껴왔다. 이를 해결하기 위해 단순한 예약 시스템 개선뿐만 아니라, 회의 종료 10분 전에 자동 알림을 제공하고, 예약 시간이 초과될 경우 자동으로 조명이 꺼지도록 설정해 효율적이고 엄격한 회의 문화를 정착시켰다.

한편 회의 목적과 특성에 맞춘 다양한 공간을 제공하기 위해 소규모 브레인스토밍 룸부터 대규모 프레젠테이션 공간까지 다양한 유형의 회의실을 마련했다. 창의적인 아이디어 회의를 위한 'RED 회의실'은 높은 테이블과 빨간색 카펫을 활용해 활발한 분위기를 조성했고, 집중적인 의사결정을 위한 'BLACK 회의실'은 미라클 필름을 적용해 외부의 방해 요소를 차단하고 산소발생기를 설치해 최적의 집중 환경을 제공하고 있다. 또한 출퇴근시에 조명, 냉난방을 켜고 끄는 것도 인력과 시간이 드는 일이었지만, 이제는 건물 컨디션을 확인하고 한번에 제어할 수 있어 직원들의 만족도가 높다.

작은 면적의 사옥인 만큼 주차 문제가 빈번하게 발생할 것으로 예상했기 때문에 일반적인 중소형 빌딩에서 흔히 사용하는 기계식 주차 대신 자주식 주차 방식을 도입했다. One-Way 시스템을 적용해 동선을 효율적으로 정리하고 주차 관제 프로그램과 연계하여 입차 전 층별 빈자리 확인 및 공간 운영의 효율성을 극대화했다.

감: IoT 시스템이 다양한 기기(스마트폰, 태블릿, PC 등)와 잘 연동되는지 궁금하다. 특정 운영체제(iOS, Android)나 타 브랜드와의 호환성 문제는 없었는지, 연결 안정성은 어떤지 궁금하다.

아: IoT 시스템은 대부분의 스마트폰, 태블릿, PC와 원활하게 연동될 수 있도록 설계됐으며, 특정 운영체제나 브랜드에 따른 호환성 문제로 불편을 겪은 사례는 아직 없다. 다만, 일부 주거용 IoT 기기의 경우 반응 속도가 느려지거나 간헐적인 연결 끊김 현상이 발생하기도 했다. 앞으로 다수의 사용자와 기기가 동시에 접속할 수 있도록 IoT 기기의 안정성을 높인다면 더욱 원활한 운영이 가능할 것으로 기대하고 있다.

감: 시스템 소프트웨어 또는 펌웨어 업데이트 주기는 어느 정도인가? 업데이트 후 기능 향상이나 문제 해결을 체감했는지?

아: 현재도 사용자의 피드백을 반영해 UI와 UX를 중심으로 꾸준히 업데이트를 진행하고 있다. 초기에는 사용자 인터페이스가 다소 복잡했으나, 최근 간소화된 메뉴 구조로 업데이트하면서 사용자의 편의성과 직관성이 크게 향상됐다. 앞으로도 지속적으로 개선사항을 반영하여 사용자 경험을 높일 계획이다.

감: 초기 기대만큼 바인드 서비스를 잘 활용하고 있는가?

아: 바인드는 이제 아주스마트타워에서 없어서는 안 될 플랫폼으로 자리 잡았다. 초기에는 '정말 필요한 기능인가?' 싶었던 서비스가 실제 업무 환경 안에 자연스럽게 스며들었다. 바인드를 통해 손쉽게 해결되는 경험을 통해 우리가 어떤 환경에서 일하고 있는지, 우리가 어떤 것을 고민해야 하는지 다시 생각하게 만드는 계기가 되기도 했다.

운영팀의 업무 효율 역시 눈에 띄게 좋아졌다. 방문객의 출입 관리부터 복잡한 승인 과정까지

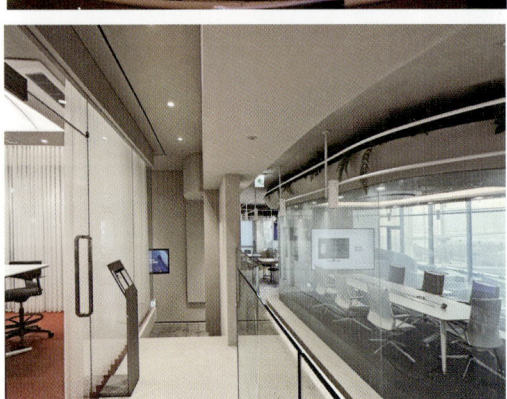

사용자의 필요에 맞게 구성된 실내 공간

아주스마트타워 1층 로비. 방문객이 입장하면 환영 메세지가 송출된다.

바인드를 통해 손쉽게 해결할 수 있고, 각 공간 사용 현황이나 센서 기반의 환경 정보도 한 눈에 쉽게 파악할 수 있어 실시간 대응과 운영 판단이 유연해졌다. 덕분에 이 공간을 찾는 입주사와 방문객에게도 매끄러운 사용자 경험을 제공할 수 있게 됐다.

바인드의 가장 큰 강점은 특정 기술에 얽매이지 않아도 다양한 기능과 서비스가 유기적으로 연결된다는 것이다. 기존에 사용하던 솔루션과 유연하게 연동되고 작동되는 것을 보며 우리가 그리는 '스마트 빌딩'이 현실로 실현되는 것을 경험하고 있다. 기술은 사람의 일상을 얼마나 편하게 만들 수 있느냐가 핵심이다. 그런 점에서 바인드는 기술을 위한 기술이 아닌, 사람을 중심에 둔 기술이기 때문에 신뢰가 높은 플랫폼이라고 생각한다. 바인드는 우리가 상상했던 '스마트 빌딩'을 현실 공간 안에서 체감할 수 있게 도와준 첫 번째 파트너다. 앞으로도 바인드와 함께 더 진화된 업무 환경을 구현하고자 한다.

아주디자인그룹 ajoudesign

아주디자인그룹은 인테리어 디자인을 중심으로 건축, IT, 빌딩 플랫폼을 아우르며 일곱 개의 계열사와 함께 7,000건 이상의 오피스 프로젝트를 수행한 종합 공간디자인 기업이다. IoT 기술과 기능성 가구를 유기적으로 결합한 스마트 오피스 환경을 구축해 왔으며, 스마트 빌딩, 호텔, 상공간, 프리미엄 주택 등 다양한 분야에서 고품질 공간과 혁신 기술을 적용한 미래형 솔루션을 제시하고 있다. 아주스마트타워를 포함한 주요 프로젝트에서는 스마트 기술과 공간의 융합을 통해 효율성을 높이고 사용자 경험을 향상시키는 데 집중해 왔다. 앞으로도 업무 공간을 넘어 지속 가능한 건축 혁신을 실현하며 미래를 선도하는 공간을 만들어 갈 예정이다.

Permeate

보이지 않는 기술, IoT가 바꾸는 일상: 양주 <하우스 산>

조종범 건축주

스마트 홈이라는 개념은 등장한 지 오래되었지만, 아직은 가정에 대중적으로 자리 잡지 못했다. 그동안 IoT 애호가들의 취미 영역으로 여겨졌던 스마트 홈은 IoT 기술의 발전으로 '집'이라는 공간을 더욱 편리하고 쾌적하게 변화시킬 수 있는 실질적인 가능성을 보여주고 있다.
2024년 12월 완공된 양주 <하우스 산 House San>의 조종범 건축주는 오랫동안 IoT 기기를 적극 활용해 왔다. 그는 아이가 성장하면서 가족과 더 많은 시간을 보낼 수 있는 집을 꿈꿨고, 그 결과 편리함과 쾌적함이 조화를 이루는 새로운 형태의 주거 공간을 완성했다. 기술이 자연스럽게 삶 속으로 스며든 이 집의 이야기를 나눴다.

-
에디터 **김현경**
사진 **최수영**(별도 표기 외)

거실 한쪽 벽에 월패드가 설치되어 있다. 태블릿으로 어디서든 집 전체를 제어할 수 있다.

감씨(감): 오래전부터 IoT 기기에 관심이 많았다고 들었다. IoT에 관심을 두게 된 계기가 무엇인가?
-

조종범(조): 관심을 두게 된 이유는 자동화다. 일례로 짐을 가득 들고 있을 때, '버튼을 누르지 않아도 조명이 자동으로 켜진다면 얼마나 편리할까'와 같은 보편적인 생각이 그것이다. 또, 주방에서 요리를 하다가 손님이 왔을 때 음성으로 현관문을 열어줄 수 있으면 더욱 효율적일 것이다. 로봇청소기만 봐도 이제는 많은 가정에서 당연하게 사용하는 기기가 됐다. 이런 기술들이 자잘한 집안일에 쓰는 시간을 줄이고, 그만큼 가족과 함께하는 시간을 늘린다. 작은 편리함이 쌓이면 생활 속에서 큰 변화를 가져올 수 있다.

감: 이 집에 적용된 IoT 기기들을 소개해 달라.
-

조: 완공 후, 아직 다양한 시도를 해보는 단계다. 기본적으로 집 전체를 중앙에서 통제할 수 있는 시스템을 구축했다. 먼저 조명 시스템은 원격으로 제어할 수 있어 외부에서도 조명을 켜고 끌 수 있다. 내부 스위치에도 다 통신 모듈이 내장되어 있다. 또한, 보안 시스템도 강화했다. CCTV와 스마트 도어록이 설치되어, 외부에서 사람이 접근하면 카메라 센서가 이를 감지해, 가족인지 낯선 사람인지 자동으로 인식한다. 특이한 점은 에어컨이 없다는 것이다. 대신 실시간으로 온습도와 공기질을 모니터링하는 시스템을 구축해, 환기 장치가 자동으로 작동하도록 했다. 집 안 곳곳의 상태는 거실 벽에 설치된 월패드에서 확인할 수 있다.

조명, 실내 환경, 외부 방문자 등을 한눈에 볼 수 있으며, 스마트폰이나 거치형 태블릿으로 집 안 어디서든 제어가 가능하다. 궁극적으로는 기기들이 서로 연동하여 자동으로 작동하는 환경을 목표로 하고 있다. 크게 드러나는 스마트 제품이 많지는 않지만, 생활 속에서 자연스럽게 편리함을 제공하는 형태를 선호한다.

감: 스마트 제품은 '있는 듯 없는 듯'해야 한다는 말이 인상적이다. IoT 기반을 구축하려면 설비가 중요했을 것 같다.
-

조: IoT 제품 대부분은 무선 기반으로, 전기 공사만 선행되어 있으면 쉽게 설치할 수 있는 기기들을 선택했다. 집을 지을 때 가장 중요한 건 네트워크 공사였다. 스마트 홈을 구현하려면 집 전체가 하나의 단일 네트워크로 연결되어야 한다. 일반적으로 인터넷을 설치할 때 작업자가 가져오는 장치를 공유기라 부르는데, 정확히 말하면 그것은 '라우터[1]'다.

작업자는 어디에서 인터넷을 사용할지 물어보고, 해당 위치의 포트에 인터넷 선을 연결한 후 라우터를 설치한다. 대부분의 집에서는 라우터를 연결한 포트 외에 다른 포트에 선을 연결해도 인터넷이 들어오지 않는다. 일반적인 30평대 아파트의 경우 평면 구조가 단순해 중앙에 라우터를 설치하면 집 전체를 무선으로 연결할 수 있지만, 공간이 넓어지면 신호가 끊긴다. 이 집은 2층을 포함해 약 60평 규모이므로, 모든 방을 하나의 네트워크로 묶으려면 라우터에서 나온 유선 신호를 각 방으로 연결해야 했다. 그리고 이 유선 신호를 무선으로 변환해 주는 AP[2]를 곳곳에 설치해야 했다.

감: 여러 기기를 설치하다 보면 인테리어에도 영향을 미칠 것 같은데, 이를 어떻게 해결했나?
-

조: 설계 단계에서부터 제품을 선정하고 인테리어와의 조화를 고려하는 것이 중요하다. IoT 제품은 디자인이 아쉬운 경우가 많다. 흰 천장에 시커먼 AP가 달리면 상당히 거슬릴 것이다. 그런 까닭에 어떤 제품을 사용하고 그것을 어떻게 숨길지까지 미리 고려할 필요가 있었다. 집을 짓기 전에 관계자들과 여러 차례 미팅을 했지만, 건축 분야에서 IoT에 대한 이해도가 높은 전문가가 많지 않았다. 건축가와 협의하더라도 직접 경험해 본 적이 없는 경우 단순히 전기 제품 하나를 추가하는

(위, 아래)
2층 복도 천장에
AP가 설치된 모습

시하스 통신의 스마트
스위치

정도로 생각하기 마련이다. 현장을 직접 확인하지 않고 '알아서 하겠지'라고 방심했다가는 나중에 인테리어뿐만 아니라 기기 작동에도 문제가 생길 수 있다. 이렇듯 IoT 기반의 스마트 홈을 제대로 구현하려면 시간이 많이 들고, 시행착오도 적지 않다. 아마 이런 점 때문에 아직 스마트 홈 시장이 크게 성장하지 못한 것 같다.

감: 스마트 홈을 구축하는 데 초기 비용이 만만치 않았을 것 같다. 직접 설치한 이유가 있었나?

-

조: 가장 큰 이유는 비용과 지속가능성 때문이다. 구독 서비스 등을 활용할 수도 있지만, 이는 기업에서 언제든지 서비스를 중단하거나 가격을 인상할 수도 있다. 그리고 서비스 가입 시 여러 약관에 동의해야 하는데, 자세히 보면 집에서 쌓이는 생활 데이터가 수집된다는 내용을 포함하는 경우가 대다수다. 물론 데이터를 암호화한다고 하지만, 보안 문제가 발생할 수 있고 내 일상 데이터가 대기업의 영리활동에 활용될 가능성이 있다는 점이 꺼려졌다.

스마트 홈 구축에 초기 투자 비용이 전혀 없다고 할 수는 없다. 일반 스위치 대신 통신 모듈이 내장된 스마트 스위치를 사용하면 가격이 몇 배로 뛴다. 그러나 구독 서비스에 의존하면 특정 생태계에 묶여버릴 위험이 있다. 새로운 기술이 나와도 기존 시스템과 호환되지 않으면 바꾸기 어려워진다. 장기적으로 봤을 때 직접 설치하는 것이 더 유리하다고 판단했다.

감: 집을 짓기 전에는 아파트에서 거주했다. 신축 단독주택과 아파트에서 IoT 기술을 구현하는 과정은 서로 어떻게 다른가?

-

조: 현재 IoT 시장은 이미 지어진 공간에 맞춰 발전하는 경향이 있다. 무선으로 동작하는 제품들이 많아지고 있는데, 문제는 무선 제품의 안정성이 유선만큼 좋지 않다는 점이다. 아파트처럼 이미 지어진 건물에 시스템을 설치하려면 벽을 뜯어야 하는 경우가 많고, 예상보다 공사가 커질 수 있다. 반면, 신축 단독주택은 설계 단계에서부터 IoT 시스템을 반영할 수 있어 비교적 자유롭다. 물론 그만큼 고려할 사항도 많다. 신축 주택에서 IoT 기반을 구축한다고 해도, 이를 익숙하게 다룰 수 있는 작업자가 적다는 점이 문제다. 결과적으로 아파트는 이미 구축된 환경에서 무선 제품을 활용하는 방식으로 IoT를 적용해야 하고, 신축 단독주택은 처음부터 체계적으로 계획할 수 있지만, 시간과 노력, 비용이 더 들어가고 그 과정이 결코 쉽지는 않다.

감: 여러 IoT 기기를 사용자의 행동 패턴에 맞춰 작동되도록 시나리오를 설정할 수 있다. 이 집에서는 어떤 자동화 기능을 설정했나.

-

조: 먼저 집 안에 사람이 있을 때와 없을 때에 따라 작동하는 프로그램이 다르게 설정됐다. 기본적으로 조명은 시간대별로 자동으로 켜지고 꺼지며, 집에 아무도 없을 때는 전체 소등된다. 또한, 공간별로 다양한 센서를 활용했다. 화장실은 창문에 센서를 설치해 환기를 위해 창문을 열면 자동으로 환풍기가 작동하도록 설정했다. 외부 보안 기능도 자동화했다. 현관 도어록과 CCTV는 사람의 얼굴을 인식해 가까이 온 사람이 가족인지 낯선 사람인지 판별하고 CCTV에 기록을 남긴다. 차량 관리도 자동화되어 있다. 우리집에는 전기차 두 대가 있는데, 충전을 깜빡하면 다음 날 이동이 어려워질 수 있다. 이를 방지하기 위해 HLR[3]과 차량을 연동해 배터리 상태를 실시간으로 확인하고, 남은 주행 거리와 충전 필요 여부를 알 수 있게 했다.

(위) 옷방에 설치된 재실 감지 센서
(아래) 아이방에 설치된 홈캠

감: 여러 제품을 사용하면서 IoT 기기를 선택하는 기준이 생겼을 것 같다. 기기를 고를 때 어떤 점을 고려하는지.

-

조: 전자제품의 수명은 길어야 5년이라고 본다. 사용하면서 한두 번은 교체해야 하므로 품질이 좋으면서도 가격이 합리적인 국내 브랜드를 우선 고려한다. 일례로 스위치는 시하스 통신의 국산 제품을 사용했다. 아카라나 융 같은 브랜드도 고려했지만, 가격대가 높은 고급 제품군이라 가성비가 더 좋은 브랜드를 선택했다. 구매 팁을 하나 꼽자면, 스위치나 센서를 살 때 필요한 개수만 사지 말고 여유분을 구매하는 것이 좋다. 제품 수명이 짧을 뿐만 아니라, 제조사가 없어지는 경우도 많다. 특히 센서는 특정 브랜드 제품을 고집할 필요가 없다. 이케아, 시하스, 아카라 등 다양한 브랜드를 섞어 사용하고 있다. 센서와 스위치는 집이 클수록 수십 개씩 필요한데, 비싼 제품은 개당 4~5만 원씩 한다. 반면 이케아 센서는 1만 원 정도로 훨씬 저렴하다. 자주 교체해야 하는 제품은 가격이 합리적이고 공급이 안정적인 브랜드를 선택하는 것이 현명하다.

감: 선택한 IoT 제품 중 가장 만족스러운 제품은?

-

조: 사실 '정말 잘 샀다'는 생각이 드는 제품은 장난감이라고 생각한다. 처음에는 다양한 IoT 제품을 사용해 보면서 색이 바뀌는 스마트 조명도 설치했었다. 설정에 따라 빨간색, 노란색 등 다양한 색상으로 바뀌는 기능이 있어 초반에는 재미있었지만 결국 실용성은 크지 않았다. 그럼에도 만족하는 제품을 꼽자면 시하스 스위치다. 디자인도 깔끔하고 조작 시 딸깍거리는 소리가 나지 않으며, 신뢰성도 높아 만족도가 높았다. 스마트 홈 구축을 고려하는 사람들에게 추천할 만한 제품이다.

감: 추가로 더 설치하고 싶은 제품이 있나?

-

조: 아파트에서 단독주택으로 이사하면서 생긴 가장 큰 변화 중 하나가 정원이다. 정원 관리를 돕는 IoT 제품 중 '웨더 센서'라는 것이 있는데, 국내보다는 정원 문화가 발달한 해외에서 주로 사용된다. 국내에는 정원 관리를 위한 IoT 정보가 많지 않다. 기상 정보를 받아 자동 관수 시스템을 구축하면 기상 데이터가 어디서 측정되느냐에 따라 우리 집 정원과 환경 차이가 생길 수 있다. 웨더 센서는 외부 기상 정보를 가져오는 것이 아니라 정원의 기온·습도·토양 상태 등을 직접 측정하여 데이터를 수집하는 기기다. 이 데이터를 관수 시스템과 연동해, 정원의 상태에 맞춰 자동으로 급수하는 시스템을 만들고 싶다.

감: 나중에 집을 다시 짓는다면 보완하고 싶은 점이 있다면?

-

조: 무조건 유선 기반으로 구축할 것 같다. 물론 그러려면 돈을 좀 더 벌어야겠지만. (웃음) 현재 집 전체를 무선 기반 시스템으로 구축했는데, 한두 달에 한 번씩 시스템이 먹통이 되는 경우가 있다. 물론 재부팅하면 해결되지만, 무선 시스템의 근본적인 한계다. 원래는 유선 기반의 융 제품을 고려했는데, 유선 시스템은 집 전체에 배선이 필요해 초기 구축 비용이 많이 든다. 현재 설치된 무선 기반 시스템도 만족스럽지만, 유선 기반 시스템은 구조가 단순해 고장이 거의 없다. 따라서 나중에 기회가 된다면 유선으로 완전히 전환하고 싶다. 또 하나 보완하고 싶은 점은 음성 비서 시스템이다. 현재 방마다 음성 비서를 배치하는 것이 목표지만, 기기 디자인이 아쉽고 연결선이 나와 지저분하다. 다음에 다시 집을 설계한다면 음성 비서를 잘 숨길 수 있도록 고려할 것이다.

<하우스 산>의 정원

감: 주거 공간으로 IoT와, AI 기술이 점점 확대되고 있다. 앞으로 집의 모습이 어떻게 바뀔 것이라 예측하나?
-

조: 최근 전기 공사 기사들 중 젊은 세대가 IoT를 적극적으로 공부하고 있다고 들었다. 홈 오토메이션과 관련해 지능형홈관리사[4] 같은 새로운 자격증 시험도 나왔다고. 앞으로는 IoT 허브나 네트워크 장치도 거슬리지 않게, 미관을 고려한 방식으로 설치할 수 있을 것 같다. 과거에는 전기 배선과 같은 유선 연결이 필수였지만, 이제는 소프트웨어 중심의 무선 솔루션이 발전하면서 그런 방식이 점점 사라지고 있다. 아직까지 무선 제품이 완벽한 안전성을 보장하지 못하는 점이 아쉽지만 무선 통신 프로토콜과 기술이 발전하면 배선 공사가 필요 없는 스마트 홈 환경이 조성될 것이다. 그렇게 되면 소비자 입장에서도 전기 공사 비용이 줄어들고, 공간 활용도 더 자유로워질 것이다. 앞으로 IoT와 AI 기술이 더욱 자연스럽게 주거 공간에 녹아들 것이라 기대하고 있다.

1) 라우터Router: 여러 네트워크를 연결하고 데이터를 목적지까지 전달하는 장치. 인터넷 신호를 받아 집 안의 다양한 기기(스마트폰, PC 등)에 분배하는 역할을 한다.
2) AP Wireless Access Point: 유선 네트워크를 무선으로 변환하는 장치. Wi-Fi 신호를 확장하는 역할을 한다.
3) HLR Home Location Register: 홈 위치 등록기. 자신의 관할 지역 내에 등록된 모든 단말기에 대한 가입자 파라미터와 위치정보 및 부가서비스 정보 등을 저장하고 관리하는 데이터베이스 관리시스템을 의미한다.
4) 지능형홈관리사: 발전하는 지능형 홈 기기들의 효율적인 활용을 위한 배치 설계 및 구축과 운용을 담당하는 전문 인력을 양성하기 위한 자격

조종범
어릴 때부터 기계에 관심이 많아 다양한 IoT 제품을 사용해 왔다. 효율적인 에너지 사용, 집의 자동화, 사무 공간의 자동화를 꿈꾼다. 있는 듯 없는 듯 드러나지 않으면서 편리함을 제공하는 시스템을 선호한다.

Alternative

주거 공간의
새로운 선택지:
IoT가 그리는 스마트 홈

제이엘건축사사무소

주거 공간에 스마트 홈 기술을 자연스럽게 통합하는 일은 여전히 많은 도전 과제를 안고 있다. 공간 디자이너, 건축가, 기술자들 중에도 IoT나 스마트 홈 기술에 익숙하지 않은 이들이 많아, 이러한 기술을 설계에 반영하는 데 어려움이 따른다. 2024년 완공된 양주 <하우스 산House San>은 많은 도전 속에서 탄생한 스마트 단독주택이다. 건축가는 설계 초기 단계부터 IoT 기술에 익숙한 건축주와 긴밀한 협의를 통해 공간을 완성했다. 주거 공간의 선택지를 늘려준 하우스 산의 이야기와 건축의 경계를 확장하는 기술에 대해 두 건축가에게 물었다.

-
에디터 **김현경**
인터뷰이 **이동훈, 정호진**
사진 **최수영**(별도 표기 외)

©제이엘건축사사무소

집 내외부에 설치된 AP 위치. 1층 평면도(좌), 2층 평면도(우)

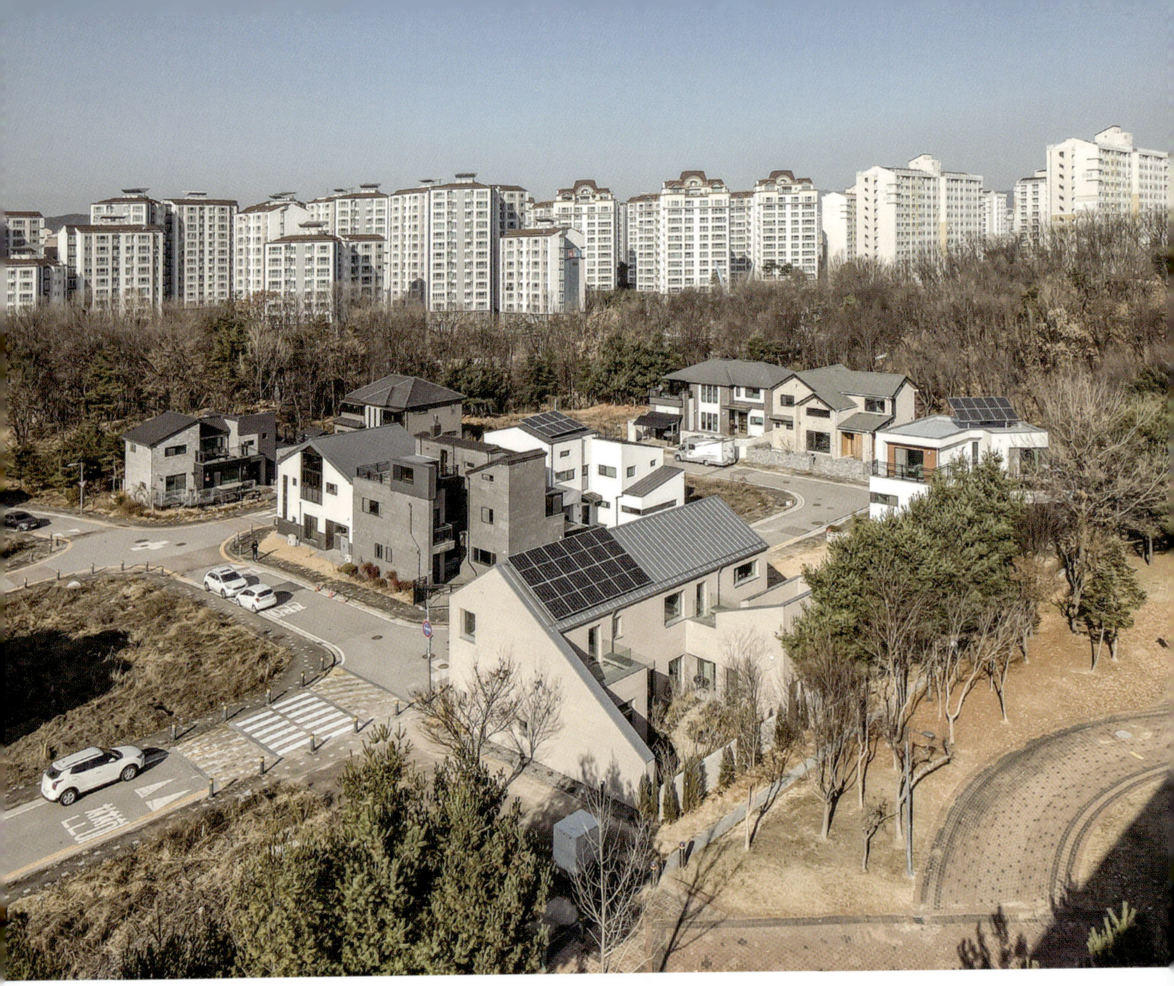

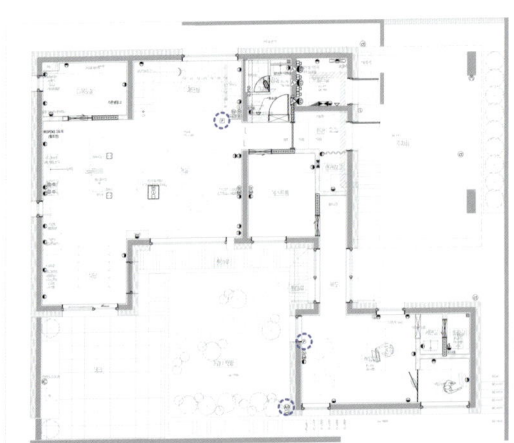

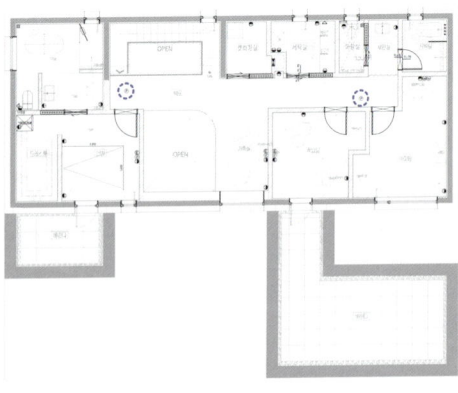

감씨(감): 주택에 대해 전반적으로 소개해 달라.
-

이동훈&정호진(이&정): 하우스 산은 재택근무를 하는 건축주 부부와 어린 딸을 위한 집이다. 건축주는 IoT뿐 아니라, 에너지를 절약할 수 있는 공조 장치나 열회수 환기 장치에도 관심이 많았다. 처음부터 패시브 주택을 고려했던 만큼, 패시브 협회 회원사인 우리 사무소를 선택한 것 같다. 패시브 주택은 기밀성이 중요하므로 형태가 단순해야 한다. 재택근무를 고려해 집과 분리된 별도의 사무동을 만들고, 브릿지로 주거 공간과 연결해 업무와 생활이 명확히 나뉘도록 했다. 집 주변으로 공원과 학교로 이어지는 길이 있어 사생활 보호를 위해 지붕 형태를 연장해 마당을 감싸고, 담장 앞에는 길쭉한 식재를 심어 시선을 차단했다. 입구에는 필로티 주차장을 만들었고, 두 대의 전기차를 위한 충전기도 설치했다.

감: 건축주는 IoT 설치를 설계 전부터 고려했다. 설계를 의뢰할 때 다른 요구 사항이 있었나?
-

이&정: 건축주가 IoT 생태계 구축을 위해 제시한 사항이 많았다. 집 곳곳에 달린 AP의 위치까지 미리 정해 여러 차례 협의가 필요했다. 일반적으로 외부까지 AP를 설치하는 경우는 드문데, 건축주는 마당을 포함한 집 곳곳에서 인터넷이 끊김없이 연결되길 원했고, 향후 빨라질 인터넷 속도에 집이 대응하도록 Cat.6[1] 케이블 설치를 요청했다. 또한, 스마트 홈을 구축하는 데 필요한 복잡한 통신 장비를 안 보이게 모아 둘 위치도 성능과 인테리어를 고려해 협의가 필요했다. 기기의 연결과 수월한 관리를 고려해 냉장고 상부장에 통신 장비를 두었고, 보일러실에는 소형 PC를 설치했다. 집 전체의 데이터는 보일러실 소형 PC로 보내 처리한 후 구글 홈으로 전송하는 구조를 만들었다.

감: 건축주의 요구 사항이 어렵지는 않았나?
-

이&정: 대부분 건축주의 요청은 집을 나설 때 자동 소등이 되거나, 손님 얼굴을 확인하고 현관을 열 수 있게 해달라는 정도였다. 이 정도 수준의 스마트 홈을 요청한 건축주는 처음이었던 까닭에 공부가 필요했다. 일단 건축주가 훨씬 더 많이 알고 있었다. 설치해 본 적이 없으니 어떤 것을 주의해야 하는지 전문가나 업체에 자문을 구하거나 유튜브로 정보를 찾아보기도 했다. 건축주와 함께 스마트 홈 업체와 쇼룸을 방문하기도 했다. 스마트 홈은 익숙해지면 편리한 기술이지만, 그 수준에 도달하기까지 많은 공부가 필요하다.

감: 시공 과정에서 어려움은 없었나?
-

이&정: 스마트 스위치 설치 시, 추가 중성선 배선이 필요해 전기 공사 작업자와 더 많이 소통해야 했다. 보통의 스위치는 전원선과 전등 연결선 두 선만 있다. 하지만 스마트 스위치는 계속해서 전원을 공급해줄 중성선이 필요하기 때문에 추가로 선을 하나 더 배선해야 한다. 이미 다 지어진 공간에 다시 배선하는 건 어렵지만, 신축에 배선하는 것은 기존 전기 배선에 하나 더 추가하는 정도라 크게 어렵지 않았다. 다만, 일반적이지 않은 작업이라 현장 작업자들이 조금 더 고생했지만, 크게 어려운 부분은 아니었다.

냉장고 상부 통신실

<하우스 산>의 거실 공간과 2층 복도, 사무동의 모습

감: <하우스 산>은 스마트 홈이자 패시브 주택이다. 내부 환경을 쾌적하게 유지하기 위한 장치는 어떤 게 들어갔나?
-

이&정: 하우스 산에는 에어컨이 없다. 대신 열회수 환기 장치와 복사 냉난방 방식을 사용한다. 거실의 온습도 센서가 데이터를 보내 24시간 쾌적한 환경을 유지한다. 이 시스템은 특히 여름과 장마철에 효과적이다. 에어컨과 비슷한 원리로, 환기 장치로 유입된 습한 공기는 냉매를 거쳐 습기를 제거하고 실내로 들어온다. 건조한 공기만 공급해 여름에도 늘 건조하고 서늘한 실내 환경을 유지할 수 있다. 또, 유지관리도 수월하다. 일반 에어컨과 달리 열회수 환기 장치의 경우 유기물이 없는 바깥 공기에서 순수한 물만 빼내기 때문에 별도의 관리가 필요 없다. 차가운 바람을 직접 맞지 않아 쾌적성도 더 높다. 집 내부 환경은 외부에서도 스마트폰으로 제어가 가능하며, 만약 장기간 집을 비우게 된다면 절약 모드 등으로 바꿀 수 있다.

감: 다른 프로젝트에서도 IoT, 스마트 홈을 제안할 생각이 있나?
-

이&정: 복잡한 시스템보다는 비교적 간단한 스마트 조명을 적극 제안하고 있다. 스마트 조명은 배선 작업이 불필요해 시공 비용도 절감된다. 포켓 도어나 벽의 재료에 따라 스위치 설치가 불가한 경우도 많은데, 스마트 조명의 스위치는 리모컨처럼 자유롭게 배치할 수 있어 다른 프로젝트에서도 반응이 좋았다. 시간대나 활동에 따라 필요한 색 온도와 광량이 다르기 때문에 안방이나 거실 같은 주요 공간에 추천한다. 이러한 선택지가 있는지 모르는 건축주도 있기 때문에 제안하고 있다.

조명 외에도 나중에 확장 가능성을 위해 각 공간에 통신선을 미리 배선하는 것도 적극 추천하고 있다.

감: <하우스 산>을 설계하며 느낀 점이 궁금하다.
-

이&정: <하우스 산>을 설계하며 건축주로부터 배운 점이 많았다. 직접 경험해 보니, 당장 우리 집에도 설치하고 싶은 시스템도 있었다. 스마트 홈이 우리 생활 속에 완전히 스며들기에는 아직 어려움이 있지만, 앞으로는 스마트 홈이 필수가 될 것으로 본다. 지금 우리의 역할은 다음 세대가 IoT 기술을 불편함 없이 활용할 수 있도록 안정적인 통신 환경을 조성하는 것이라고 생각한다.

감: 제이엘건축사사무소가 그리는 미래 주거 공간의 모습은?
-

이&정: 스마트 홈은 자연스러워야 한다. 사용자가 기술을 공부하지 않아도 IoT의 존재를 느끼지 못한 채 편리함만 누릴 수 있어야 한다. AI가 사람의 행동에 맞춰 따로 세팅하지 않아도 적절한 조도를 맞춰주고, 설비까지 연계되어 실내가 항상 일정한 온습도를 유지할 수 있게 해준다면 스마트 홈이 한 단계 더 나아갈 수 있을 것이다. 또, 단순히 활동뿐만 아니라 외부 날씨나 시간 생체 리듬에 맞춰 집 안에서도 자연광 같은 조명을 만들어주면 하루를 더 즐겁게 살 수 있을 것 같다. 다양한 요소들을 조합해 사람의 행동에 맞춰주는 능동적인 집이 되길 바란다.

1) Cat6: 대역폭 최대 250MHz, 전송속도 1Gbps를 제공하며, 4K 스트리밍, 데이터 센터, 대규모 사무실 등에서 사용된다.

제이엘건축사사무소 JL-Architect

이동훈 건축사와 정호진 디자이너가 부부 건축가로 활동하고 있다. 장면이 풍경을 담을 수 있도록 절제된 디자인으로 자연을 오롯이 담는 디자인 방식을 추구한다. 장소가 가진 고유한 자원의 잠재력을 발굴하고 거주자와 적절한 관계를 맺을 수 있도록 제안한다. 공간의 고유한 특징을 살려 '애착'이 가는 공간을 만드는 작업을 소중히 여기며, 시간이 갈수록 가치가 더해지는 디자인을 지향한다.

Platform

주거 관리 생태계를 통합하는 플랫폼: 홈닉(Homeniq)

H&B플랫폼사업팀 Homeniq사업그룹 / 플랫폼개발그룹

우리는 손안의 작은 휴대폰을 통해 개인을 넘어 더 넓은 세계와 소통하고 있다. 가족과 친구는 물론, 학교와 회사, 나아가 아파트 커뮤니티까지 소통의 범위 또한 확장되는 중이다. 이러한 시대적 흐름에 발맞춰 대형 건설사들 역시 물리적 공간 안에 나름의 커뮤니티를 구축하고 있으며, 삼성물산도 이에 발맞추어 통합 홈 플랫폼 '홈닉'을 선보였다. 통합 홈 플랫폼을 지향하는 홈닉은 디지털 기술을 바탕으로 '사람'을 중심에 두고 주거문화의 가치를 높이는 방향으로 진화하고 있다. 지금부터 홈닉이 만들어 가는 현재와 미래의 주거문화에 대해 살펴보자.

-
에디터 **박소정**
자료 제공 **삼성물산**

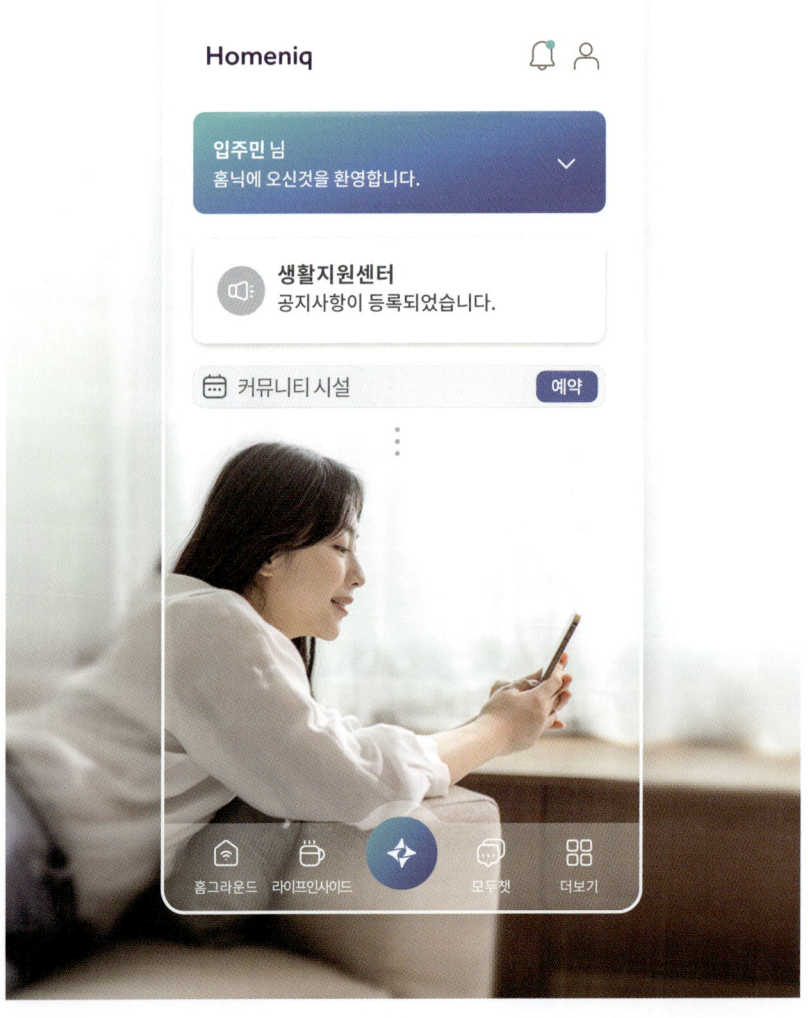

감씨(감): 홈닉을 기획한 계기와 목표는 무엇인가?

홈닉(홈): 아파트 브랜드인 래미안을 만드는 삼성물산은 주거문화를 선도하기 위해 끊임없이 노력해 왔다. 우리는 더 좋은 주거문화를 제공하기 위해 물리적 공간인 아파트를 넘어서 라이프스타일까지 제시해야 한다고 판단했고, 이를 위해 프리미엄 주거 서비스의 새로운 기준을 만들고 스마트(Technic)하고 더 특별한(Unique) 기술을 제공하고자 했다. 이것이 삼성물산 홈닉(Home + Technic/Unique)의 시작이 되었다. 우리는 이제 '사는 곳'이 아닌, '살아가는 방식'을 고민하는 시대에 있다. 홈닉은 우리가 원하는 것이 무엇이든, 그 모든 것을 갖출 수 있는 새로운 라이프스타일 서비스를 지향한다.

감: 다른 대형 건설사들이 유사한 주거 앱을 경쟁적으로 출시하고 있다. 홈닉의 차별화된 점과 사업적으로 어떤 효과를 기대하고 있는지 궁금하다.

홈: 기존 건설사의 주거 관리 앱은 주차 관제 시스템이나 IoT 제어와 같은 제어 중심의 서비스를 제공한다. 그러나 홈닉은 단순한 제어 기능 이상의 라이프스타일 플랫폼을 지향한다. 다양한 외부 서비스와 연결 가능한 오픈 플랫폼 형태이기 때문에 서비스 범위를 무궁무진하게 확장할 수 있는 가능성이 강점이다. 실제 홈닉은 IoT 연결 표준인 매터 표준을 적용하여 삼성전자의 가전뿐만 아니라 여러 회사의 가전을 홈닉 앱에서 연동할 수 있다.

또한 홈닉은 아파트 입주민이 만들어가는 소통형, 참여형 플랫폼이기도 하다. 거주자 인증이 완료된 입주민만 참여할 수 있는 온라인 소통 공간인 '모두챗'과 입주민들만의 커뮤니티 만의 이야기를 나눌 수 있고, 제안형 공동구매를 열어 물건을 판매하고 구매할 수도 있다. 이렇듯 홈닉은 스마트 주거 편의 앱을 넘어선 토털 라이프스타일을 제안한다.

기존 건설사가 시공 이후 하자보수 서비스를 제공하는 것처럼, 우리는 아파트 생활 앱인 홈닉을 통해 입주 이후 새로운 주거문화를 제공하기 위해 노력하고 있다.

감: 타 플랫폼 대비 다양한 기능을 제공하는 것이 홈닉의 강점이지만, 역설적으로 사용자에게는 복잡하게 느껴질 수도 있다. 이에 대한 보완책이 있다면?

홈: 홈닉은 아파트와 관련된 여러 서비스를 하나의 앱으로 통합 관리하고 제공하는 것을 기본으로 한다. 하지만 입주민에게는 다소 복잡하게 느껴질 수도 있다. 그러나 실제 홈닉의 사용자 연령대를 분석해보면 10대부터 80대까지 다양한 계층의 입주자가 사용하는 것을 확인할 수 있다. 연령과 상관없이 다수의 고객이 매일 사용해야 하는 주거 앱인만큼 앱 편의성에 중점을 두고 개발했다. 실제 서비스 오픈 후에도 지속적으로 고객 편의를 위해 UX, UI를 개선하고 있다. 실제 홈닉 2.0을 런칭할 때는 시니어 사용자를 위해 화면의 글자 크기와 색대비 등 시인성을 개선했으며, 개인에게 맞는 맞춤형 메뉴 등의 기능을 추가하기도 했다. 현재 개발 중인 홈닉 3.0은 기존 메뉴를 통합하는 등 더 편리하고 쉬운 서비스를 제공할 계획이다.

감: 이커머스 및 주변 상권과의 연계 등 외부 서비스와의 통합은 어떤 방식으로 활용되고 있나?

홈: 홈닉은 삼성그룹 내 상품이나 콘텐츠와 함께 경쟁력 있는 다양한 외부 제휴사 및 단지 상권과의 상호 성장이 가능한 오픈 생태계를 지향한다. 홈닉은 대형 이커머스 앱처럼 모든 상품을 판매하겠다는 목표를 가지고 있지는 않지만, 아파트에서 가장 필요한 물품이나 건설사가 가장 잘 제안할 수 있는 품목을 중심으로 고객에게 좋은 혜택을 제공할 수 있도록 서비스를 확장하고 있다. 실제 커뮤니티 기반 공동구매 서비스인 '홈닉 공구'를 통해 아파트 단지, 지역 기반의 서비스를 제공하고 있으며 아파트 사용 연한에 따라 입주 1년 차에는 필터, 7년 차에는 보일러, 10년 차에는 방충망 교체 등 시기 적절한 품목을 가장 좋은 혜택으로 제안하기도 한다. 이처럼 홈닉은 아파트를 넘어 주변 상권까지 포괄하는 건전한 상생을 지향한다.

감: 가전사, 홈넷사, 주거 플랫폼사는 각각 어떤 특징이 있나?

홈: 가전사의 플랫폼은 가전을 중심으로 개별 가전을 제어하고 기기의 연동 체계를 집까지 연결하는 사용자 편의 플랫폼이다. 홈넷사는 주로 B2B 사업모델로 주택의 홈네트워크 인프라를 구축하기 위해 건설사와의 계약을 통해 서비스를 제공하며 조명, 난방, 가스밸브, 콘센트 등 디바이스 제어 기능을 제공한다. 홈닉은 주거 플랫폼으로써 가전사, 홈넷사 등과의 협업을 통해 여러 서비스를 통합하고, 생활 편의 서비스를 연결해 한층 더 다양한 서비스를 제공한다는 특징이 있다.

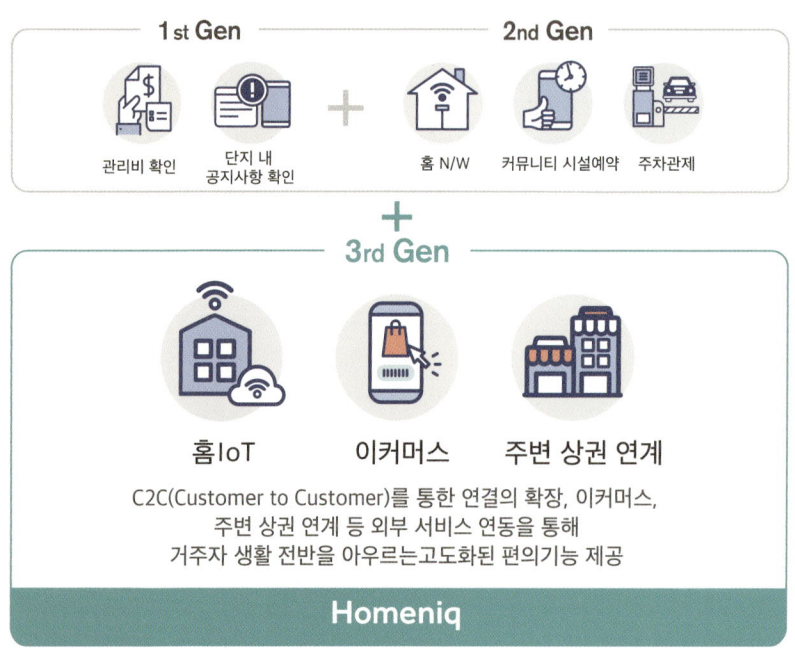

감: '모듈화된 솔루션'이 무엇인지 구체적인 설명을 듣고 싶다. 특히 기능 확장 시 플러그인 구조나 내부 서비스 간 인터페이스는 어떻게 설계되었는지 궁금하다.
홈: 홈닉은 아파트가 주요 타켓이기 때문에 신규 분양 단지부터 20년 이상 된 노후 단지까지 다양한 유형의 아파트에 대응해야 한다. 또한 건설사, 관리사무소, 입주자대표회의 등 고객의 유형에 따라 요구사항이 다르기 때문에 그에 맞는 각각의 솔루션을 제공할 필요가 있다. 우리는 이를 극복하기 위해 단지, 고객의 특성에 맞게 솔루션을 구성하고 각 서비스를 모듈화해서 제공한다. 더욱 유연한 적용과 관리를 위해 홈 IoT, 커뮤니티 예약, 주차 관제, 생활 서비스 등 각각을 모두 독립 모듈로 구성하고 통합적으로 관리할 수 있도록 데이터베이스화가 가능한 MSA Micro Service Architect 구조를 표방하고 있다.

감: 고객의 요구를 수집하고 반영하는 구체적인 기준이나 프로세스가 있다면?
홈: 홈닉은 기본적으로 IT 시스템이기 때문에 운영 중에 발생하는 다양한 고객의 요구와 장애 등에 대한 처리, 대응 프로토콜 기준을 수립, 운영하고 있다. 콜센터, 1:1문의, 앱스토어, SNS 등 온라인 채널을 통해 인입된 건들 중 즉시 처리 가능한 건들은 48시간 내 처리 기준을 운영하고 있고, 건설사, 관리사무소, 입주자대표회의 등 오프라인 채널을 통해 접수되는 건들도 홈닉의 전체적인 업그레이드 방향과 맞추어 긴밀하게 소통하고 개선하고 있다.

감: IoT 기기 연동이 특정 제조사나 하드웨어에 종속되지는 않는지, 오픈 스탠다드를 지향하는지 궁금하다.
홈: 홈닉은 가전사, 홈넷사가 아니기 때문에 특정 제조사나 하드웨어에 종속되지 않는다. 오픈 스탠다드를 지향하고 있고 아파트, 건설사 등 고객이 필요하고 연동 개발이 가능하다고 판단되면 어떤 제조사의 하드웨어와도 연결이 가능하다. 또한 최근에는 글로벌 IoT 표준인 매터 표준이 적용된 전동 커튼, 스마트 스위치, 콘센트 등 디바이스를 연동 개발했으며, 향후 지속적으로 확장할 예정이다.

감: 홈닉이 실제 일상생활 개선에 어느 정도 기여했는지에 대한 정량적 평가가 이루어지고 있나? 관리를 넘어 홈닉을 통해 어떤 활동이 이루어지는지, 실제 입주민들의 후기는?
홈: 정량적 평가까지 이루어지진 않았다. 하지만 홈닉 앱에 축적되는 다양한 데이터를 통해 고객의

행동 패턴이나 선호도 등을 분석해 앱 업그레이드와 개선 작업을 지속적으로 진행하고 있다.

정성적으로 살펴보면 입주민 생활 많은 부분에 기여하고 있다고 생각한다. 실제 입주민들은 온라인 소통 기능을 통해 단지 생활에 관한 여러 이야기를 공유하고 모임을 갖고 있으며, 한 단지에서는 약 100여 개 이상의 스포츠, 관심사 등의 모임이 만들어져 활발하게 운영되고 있다. 그 중 결혼 모임에서는 입주민들 사이에 실제 결혼까지 성사된 사례도 있다.

또한, 아파트 단지에 문화와 예술의 가치를 더하기 위해 여러 오프라인 서비스도 제공한다. 홈닉의 서비스 중 하나인 '아트갤러리' 서비스는 단지에 그림을 설치하고 다양한 아트 이벤트를 제공하는데 단지 내 예술작품의 이해를 돕는 도슨트 투어와 아트 세미나에 대한 만족도가 아주 높다. 그밖에 농부들을 단지에 초청해 입주민에게 신선한 농산물을 제공하는 '파머스 마켓' 등의 서비스도 지속적으로 확대해 나가고 있다.

감: 홈닉에서 수집한 데이터를 삼성물산 외 다른 제휴사와 공유하는 경우가 있는지, 이 과정에서 사용자 동의 절차는 투명하게 이뤄지고 있는지 궁금하다.

홈: 홈닉은 다양한 서비스들을 제공하는 만큼 다양한 제휴사가 있으며 각 제휴사별로 개인정보가 필요한 경우도 있다. 사전에 서비스를 제공할 때 고객의 개인정보가 필요할지에 대해서 엄격한 내부 심사를 통해 선별하고, 반드시 필요할 경우에는 사전에 고객에게 개인정보 제3자 동의 절차 등을 통해 데이터를 제공하고 있다. 점차 높아지는 개인정보에 대한 중요도와 기준을 맞추기 위해 홈닉도 끊임없이 개선하고 노력하고 있다. 내부적으로 보안 거버넌스 체계를 수립하여 운영하고 있으며, KISA의 정보보호 관리체계 인증인 ISMS, IoT 앱 인증 취득 등 고객이 신뢰할 수 있는 서비스를 제공할 수 있도록 다양한 노력을 하고 있다.

감: 수집된 사용자 데이터를 활용한 광고나 보험, 기타 서비스 등 새로운 비즈니스 모델을 고려하고 있다면, 사용자 동의 외에 별도의 윤리적 기준을 어떻게 마련하고 있는가?

홈: 개인정보보호는 법적 규제만 따르는 것이 아니라 홈닉 고객의 존엄성과 신뢰를 바탕으로 한 윤리적 책임까지 함께 고려하고자 한다. 단순히 홈닉의 이익을 위해서가 아니라 홈닉 고객이 더 좋은 서비스와 혜택을 가지는 비즈니스가 무엇일지 계속 고민하고 있다. 현재 개인정보를 추가로 수집할 때는 동의를 쉽게 철회할 수 있도록 하거나, 수집된 개인정보가 어떻게 사용되는지 명확히 알리고 있다. 또한 윤리적으로 불필요한 정보를 자체 삭제하는 등 자율적인 보호 조치와 그에 따른 모니터링도 지속적으로 수행하고 있다. 이와 같은 과정을 통해 사용자의 신뢰를 얻는 것이 홈닉의 가장 중요한 목표 중에 하나라고 생각한다.

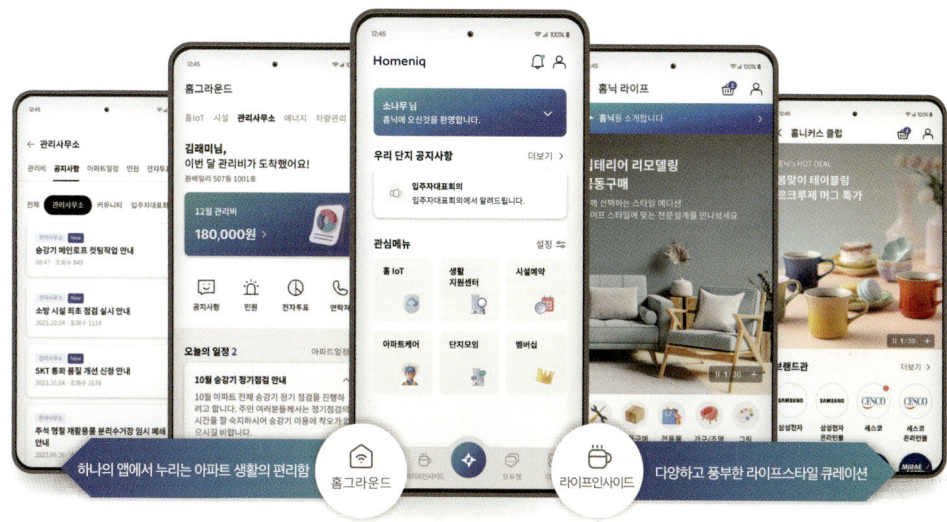

감: 주거 공간은 개인의 가장 사적인 공간이다. 기술의 과도한 개입에 따른 비판이나 이에 대한 내부적 논의가 있었는지 궁금하다.

홈: 건설사가 건설 이후에 스마트 홈 앱을 운영하면 주거 공간의 여러 데이터가 쌓이게 되는데 그 중에서는 피치 못하게 개인정보도 일부 포함될 수 있다. 삼성그룹 내에서도 윤리적 문제가 없는지 기술 부서가 해당 사안을 지속해서 논의하고 있으며, 실제 조치를 취하고 있다. 사용자의 데이터를 활용해 무리한 비즈니스를 확장하기보다는 고객 프라이버시 보호 중심 설계를 통해 최소한의 데이터를 수집하고 저장기간이 남더라도 필요 없는 정보는 삭제하고 있다. 삼성그룹은 통합보안센터에서 상시 모의 해킹 및 보안 점검을 수행하여 개인정보 탈취 등 보안 취약점이 발생하지 않도록 유지관리하고 있다.

감: 최근 '스마트 주거'라는 용어가 유행처럼 사용되고 있지만, 실질적인 효용 대비 과장된 마케팅이라는 비판도 있다. 이에 대한 제조사의 입장은?

홈: '스마트 주거'라는 용어는 예전부터 건설사, 홈넷사, 가전사, 크고 작은 디바이스사 등 다양한 분야에서 사용하고 있었다. 홈닉은 다수의 기능과 서비스를 통합한 차별화된 주거 편의성을 가진 한 단계 더 진화한 홈 플랫폼을 지향한다. 홈닉은 단순한 '첨단 기술'이 아니라 생활을 더 편리하게 하는, 개인 정보가 안전한 솔루션을 제공하고 장기적으로는 오픈 생태계를 통해 모두가 상생할 수 있는 플랫폼이 되고자 한다.

감: 향후 커뮤니티 기반 기능이나 서비스 연계를 통해 어떤 방향으로 확장할 예정인지, AI, 빅데이터, 챗봇 등 미래 산업과의 연계 계획도 있는지?

홈: 홈닉은 선도적인 다양한 미래 기술과 어깨를 나란히 하면서도 자체적으로 차별화된 기술을 개발하고 도입하기 위해 노력하고 있다. 향후 전략인 만큼 구체적으로 언급하긴 어렵지만, 최근 대세인 AI 적용과 로봇을 통한 서비스의 확장 등을 검토 중이다. 다만 홈닉은 주거생활 앱이기 때문에 신기술을 빨리 도입하기보다 고객이 안정적으로 사용할 수 있다는 것이 검증되었을 때 기술을 도입, 배포할 예정이다.

감: 장기적으로 홈닉이 구축하고자 하는 '스마트 주거 생태계'는 어떤 모습인가?

홈: 홈닉은 앞으로 입주민의 삶 전체를 설계하는 플랫폼으로 진화할 계획이다. 먼저, AI를 기반으로 맞춤형 생활 추천, 건강·금융·교육 서비스 연계, 그리고 지역 커뮤니티 활성화 등 주거의 바깥까지 서비스를 확장할 예정이다. 또한 시니어 케어, 로봇 등 최신 기술 트렌드도 세심하게 반영하여 고객 라이프 스타일에 맞춘 스마트 서비스를 지속적으로 업그레이드할 예정이다.

우리는 아파트 생활 대표 플랫폼이라는 관점에서 국내 다양한 건설사 및 생활 서비스 기업들과 협력을 강화하여 양질의 서비스를 상호 공유하고 함께 발전시키는 생태계를 만들어 가고자 한다. 삼성물산은 홈닉을 통해 고객에게 더 나은 '삶의 질'을 제공하고, 동시에 주거 산업의 패러다임 전환을 이끄는 주체가 되기를 희망한다.

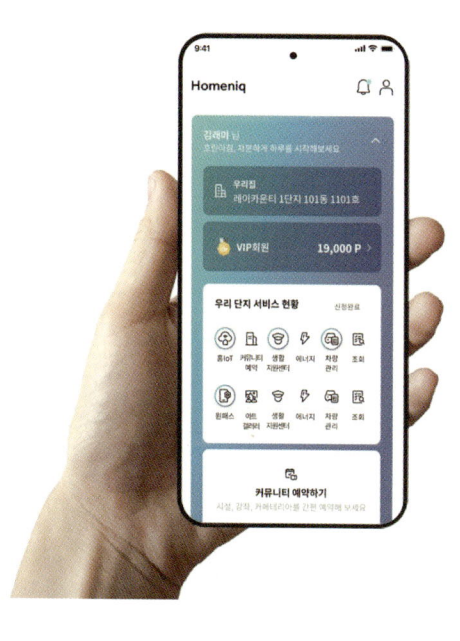
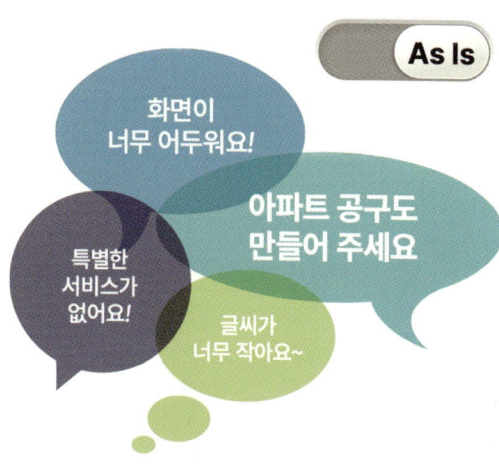

삼성물산 건설부문 H&B플랫폼사업팀 Homeniq사업그룹 / 플랫폼개발그룹
2023년 8월 홈닉 런칭 이래 그룹원들은 주거생활의 편리함을 위해 각자의 자리에서 최선을 다하고 있다. 영업, 개발, 기획, 운영 전 분야를 아우르며 서비스 전 과정을 직접 기획하고 실행하는 통합 조직으로서 고객의 일상에 실질적인 가치를 더하는 것을 사명으로 오늘도 더 나은 고객 경험을 위해 묵묵히, 그러나 열정적으로 나아가고 있다.

Community

입주부터 생활까지 하나로 연결하는: 자이홈

GS건설 브랜드상품전략팀

2010년대 중반, IoT 기술의 발전과 함께 건설사들은 입주민의 생활 편의성을 강조하며 스마트 홈을 앞세우기 시작했다. IoT 기술의 빠른 발전에도 불구하고, 10여 년이 지난 지금까지 스마트 홈이 일상 속에 완전히 자리 잡지는 못했다. 우리나라의 전체 주거 형태 중 절반 이상을 차지하는 아파트는 어떻게 변화하고 있을까. 2024년 11월, GS건설은 주거 공간의 홈 IoT와 아파트 관리로 분리되어 있던 앱을 하나로 통합한 '자이홈'을 출시했다. 자이홈은 단순히 개인의 주거 공간을 제어하는 것을 넘어, 신규 아파트에 입주하는 과정부터 입주 후 단지 내 생활에 필요한 모든 과정을 하나의 앱에 담아낸다. 집 안의 IoT 기기부터 커뮤니티 시설까지 아우르며, 단지로 확장된 주거의 개념을 실현하는 자이홈의 이야기를 소개한다.

-
인터뷰 김현경
인터뷰이 김세훈, 민지혜
자료 제공 **GS건설**

감씨(감): 입주 전부터 입주 후까지 아파트 생활 전반을 지원한다고 소개한다. 구체적으로 입주 전과 후 자이홈이 어떻게 활용되는지 설명해 달라.

김세훈&민지혜 (김&민): 아파트에 입주하기 전에는 생각보다 많은 절차를 거쳐야 한다. 사전점검, 입주 청소, 이사 날짜 조율, 잔금 처리, 대출 서류 발급 등 처리해야 할 일이 많다. 자이홈은 이러한 절차를 앱 하나로 간편하게 해결할 수 있도록 지원한다. 예전에는 관리실을 직접 방문해 이사 날짜나 입주 청소 일정을 조율해야 했고, 대출 관련 서류를 발급받기 위해 오랜 시간을 기다려야 했다. 그러나 자이홈을 통해 앱으로 간편하게 일정을 예약하고 서류를 발급할 수 있다. 또한, 새 아파트 입주 전 진행되는 입주자 사전점검 행사도 앱으로 진행된다. 앱을 통해 점검 일자를 예약하고 하자가 있는 부분을 사진으로 찍어 보수 요청을 하면 된다. 예전에는 입주민들이 직접 '벽지가 변색된 것 같아요' 등의 메모를 써 붙이는 방식이었는데, 이 방식은 요청한 수리가 제대로 이루어졌는지 확인하기 어려웠다. 자이홈은 이 문제를 해결해 입주민들이 보다 체계적으로 하자 보수를 요청하고 관리할 수 있도록 했다

입주 후에도 하자 보수 신청은 물론, 홈 IoT 제어, 관리비 확인, 커뮤니티 시설 예약 등을 지원하며 입주민의 단지 생활 전반을 손쉽게 관리할 수 있도록 돕는다.

감: 자이홈은 '자이'와 '스페이스' 두 개의 앱을 통합한 것이라 알고 있다. 자이홈 개발 과정에서 기존 앱 사용자의 의견이 반영된 사항이 있다면?

김&민: GS건설뿐만 아니라 대부분의 건설사는 아파트 앱을 2~3개씩 운영해 왔다. 스마트 홈이 점차 발전하면서 원격으로 집의 환경을 제어하는 홈 IoT 앱이 등장했고, 이후 단지 공지사항 등을 확인하는 관리 앱과 커뮤니티 시설 예약을 위한 앱 등이 따로 생겨났다. 그런데 입주민들을 직접 만나보니, 커뮤니티 시설 예약, 공지사항 확인, 방문 차량 등록 등 필요한 기능을 사용하기 위해 어떤 앱에 들어가야 하는지 헷갈린다는 이야기가 많았다. 자이홈은 이러한 불편을 해소하기 위해 단지 생활 전반을 하나의 앱에서 관리할 수 있도록 통합했다. 앱을 하나로 합치는 것이 단순한 작업처럼 보일 수 있지만, 사용자 경험을 고려하면 매우 중요한 변화다. 잘 설계된 공간에서는 자연스럽게 길을 찾을 수 있듯이, 자이홈은 하나의 앱에서 직관적으로 필요한 기능을 이용할 수 있도록 구성했다. 거주자의 디지털 경험을 고려하여 입주민이 겪는 불편을 최소화하는 방향으로 개선한 것이 핵심이다.

감: 입주자의 편의를 위해 개선된 구체적인 사례가 있다면 소개해달라.

김&민: 앞서 언급한 입주 청소, 서류 발급, 사전점검 등의 기능도 모두 입주민들의 요청을 반영한 결과다. 커뮤니티 시설에서도 개선이 이루어졌다. 자이홈은 커뮤니티 시설의 하드웨어가 앱과 연동되는 시스템을 구현했다. 가령 자이홈에서 독서실을 예약하면 독서실 점등 시스템과 연동되어 실제 예약한 시간에만 불이 켜진다. 스크린 골프 시설의 경우 예약 시간에만 해당 타석에 T-up 기능이 실행되고, 예약 시간이 끝나면 자동 종료되어 대기 없이 다음 사람이 이용할 수 있다. 또한, 고객이 가장 많이 사용하는 사우나 시설에는 전자키 시스템을 도입해 자동으로 라커 번호가 배정된다. 이러한 시스템들은 타 건설사와 차별화된 자이만의 시스템이다. 입주민의 실질적인 요구를 반영해 어떻게 하면 더 나은 경험을 제공할 수 있을지 계속 고민하고 있다.

감: 자이홈 사용자들이 가장 많이 사용하는 기능은 무엇인가?

김&민: 최근 커뮤니티 시설 예약 기능이 큰 주목을 받고 있다. 사우나, 골프 연습장, 독서실과 더불어 일부 단지에 도입된 입주민 전용 영화관 등이 특히 인기 있는 시설로 자이홈을 통해 간편하게 예약할 수 있다. 또한, 우리집을 원격으로 제어하는 기능도 자주 활용된다. 여름이나 겨울에는 집에 들어가기 전에 미리 냉난방 시설을 가동해 쾌적한 실내 환경을 만들 수 있다. 그외에도 엘리베이터 호출 기능 사용 빈도가 높다. 출근이나 외출 전에 호출하면 해당 층에서 엘리베이터가 대기하고 있어 시간을 절약할 수 있다. 그밖에 조식 서비스, 카페 예약 등의 서비스도 높은 이용률을 보이고 있다.

감: 언급된 기능은 현재 다른 아파트에서도 빈번하게 사용된다. 자이홈 고유의 IoT 제품이나 기능이 있다면?

김&민: 서울대 의대 교수진과 협업해 개발한 HCL 조명[1]을 꼽을 수 있다. HCL 조명은 시간대에 따라 자연광과 유사한 빛을 제공하는 조명 시스템이다.

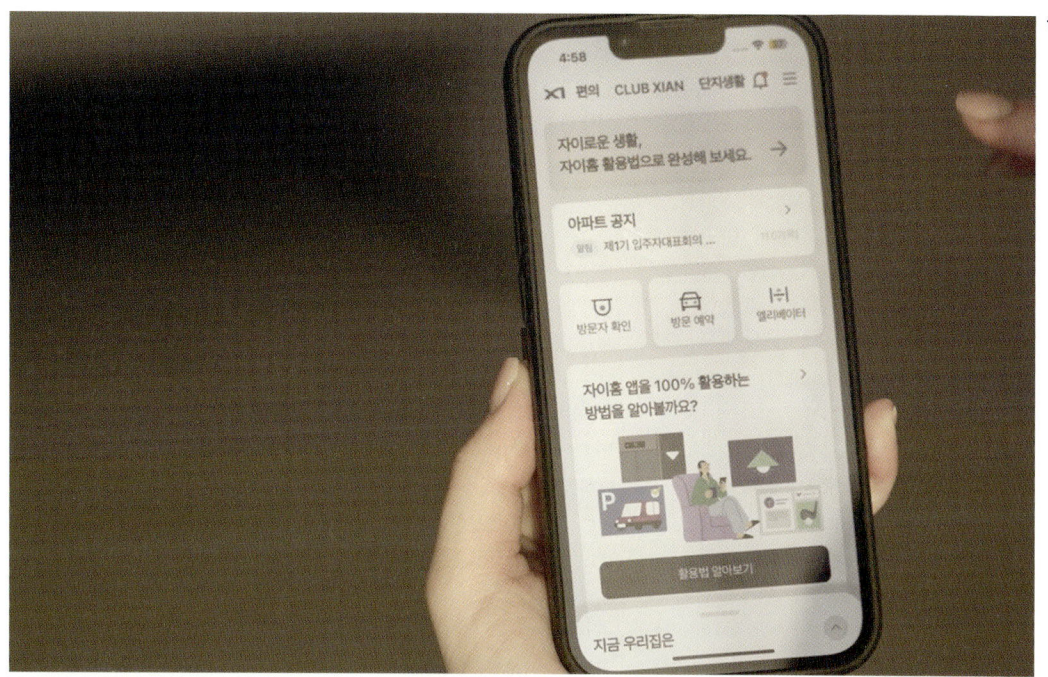
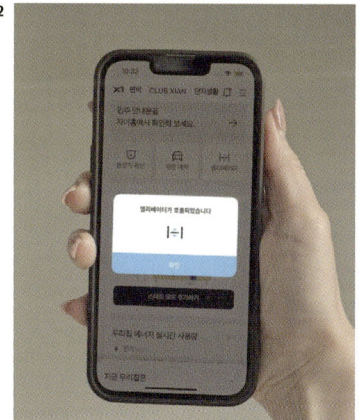

1 자이홈 메인 화면
2 엘리베이터 호출 기능
3 방문자 차량 등록 기능

아침에는 햇살과 유사한 빛이, 낮에는 자연광과 유사한 색상이 유지되고, 저녁에는 노을빛과 같은 조도로 조정된다. 이를 통해 집 안에서도 자연 속에 있는 듯한 효과를 제공하고, 입주민의 생체 리듬을 조절하는 데 도움을 준다. 한편 빌트인 제품으로 시스클라인의 천정형 공기청정기도 도입됐다. 실내 공기질 관리의 중요성이 커지면서 자동으로 공기질을 감지하고 최적의 상태로 유지하는 시스템을 갖췄다.

감: 최근 IoT와 연동되는 가전제품이 늘어나고 있다. 자이홈에서 타사의 스마트 가전을 제어할 수 있는가?
김&민: 자이홈은 다양한 IoT 기기와 연동될 수 있도록 설계됐다. 자이의 홈 네트워크 시스템은 LG전자, 코웨이 등의 다양한 가전제품과 연동된다. 모든 제품군에 연결되는 것은 아니지만, 앞으로 다양한 가전과 연결하기 위해 개방형 프로토콜 매터 인증도 고려하고 있다. 또한, 최근 구글 홈과 연동될 수 있도록 개발 중이며, 국제 표준에 맞춰 확장성을 더욱 높일 계획이다.

감: IoT 기기의 연결을 위해 유선과 무선 중 어떤 방식이 우선됐나?
김&민: 유선과 무선을 동시에 사용했다. 와이파이나 블루투스는 특성상 연결할 수 있는 거리가 짧다. 과거에는 거실 혹은 안방에 설치된 공유기 하나로 집 전체를 연결할 수 있었지만, 아파트 평면이 점점 복잡해지면서 하나의 공유기만으로 모든 공간에 인터넷 연결을 안정적으로 지원하기 어려워졌다. 앞서 언급한 공기청정기는 LoRa 무선 통신 방식을 채택해 안정적으로 인터넷과 연결될 수 있게 했다. 또한, 각 세대에 들어갈 스마트 스위치는 무선인 지그비 통신 방식으로 개발을 완료했으며, 현재 제품 양산을 위한 과정에 있다.

감: 향후 AI 서비스도 확장할 계획이라고 밝혔다.
김&민: 맞춤형 AI 서비스를 도입해 입주민 개개인의 취향과 생활 패턴에 맞춘 기능을 제공하고자 한다. 일례로 특정 시간에 반복적으로 커피를 주문하는 입주민이라면 생활 패턴을 학습해 음료를 추천하는 기능을 제공할 수 있다. 또한, 데이터 분석을 통해 커뮤니티 시설의 맞춤형 클래스를 추천하거나 개별적인 생활에 맞춘 자동화된 제어 기능도 마련할 수 있을 것이다. 현재는 사내 데이터 전문 조직과 협업하여 데이터를 분석해 결과를 도출하고 있으며, 일부 서비스에는 AI 기능을 도입해 시험 중에 있다.

감: IoT와 AI의 발전이 앞으로 자이를 어떻게 변화시킬 것으로 전망하는가?
김&민: 공간과 AI를 연계해 삶 전반을 관리하는 서비스로 진화할 것이라 예상한다. AI 기술의 발전은 자이 입주민에게 더욱 편리하고 안전한 생활 환경을 제공할 것이다. 자동화 시스템, 에너지 효율화, 보안 시스템의 확장 등의 기술은 자이를 단순한 거주 공간이 아닌, 스스로 생각하고 입주민을 돌보는 곳으로 진화시킬 것이다. 또한, 1~2인 가구의 증가, 고령화 사회 진입 등 사회 변화에 따라 단순한 홈 제어를 넘어 맞춤형 서비스가 더욱 중요해지고 있다. IoT와 AI 기술의 발전은 편의성을 넘어 개인에 맞춰 안전하고 효율적으로 삶의 질을 높이는 핵심 요소가 될 것이다.

1) HCL 조명: 인간 중심 조명을 뜻하는 'Human-Centric Lighting'의 약자로, 인간의 생체 리듬과 심리적 상태를 고려하여 설계된 조명 시스템을 의미한다.

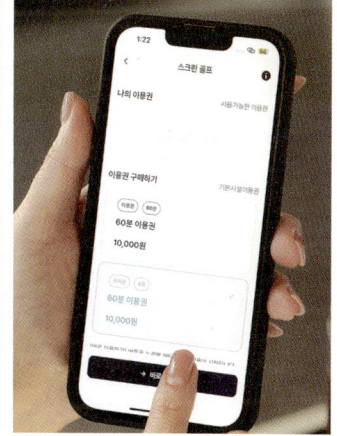

1 자이 단지 모습
2 커뮤니티 시설 중 하나인 스크린 골프장
3 자이홈 스크린 골프장 예약 화면

자이 Xi

대한민국 대표 아파트 브랜드로 자리 잡은 '자이(Xi)'가 2024년 11월, 22년 만에 리뉴얼된 모습을 선보였다. 새로운 자이의 가장 큰 변화는 브랜드의 방향성이 공급자 중심에서 고객 중심으로 완전히 바뀐 것이다. 2025년부터 GS건설은 새로운 자이를 신뢰하고 기대할 수 있도록 공간 상품 개발, 라이프스타일 플랫폼의 안정적인 운영, 특화 조경설계, 시공 품질 강화를 통해 자이 리브랜딩에 역량을 집중할 계획이다. 변화하는 고객의 기대와 라이프스타일을 반영하여 더 깊이 있는 주거 경험과 영감을 제공하는 브랜드로 거듭나고자 한다.

Public

공공 차원에서 실현하는
스마트 홈: 홈즈

한국토지주택공사 공공주택시설처 통신사업팀

스마트 홈 기술은 더 이상 개인 주택만의 전유물이 아니다. 한국토지주택공사(이하 LH)의 스마트 홈 서비스 플랫폼 '홈즈'는 공공 주거 복지의 지평을 확장하고 있다. 스마트 제어 기술을 필두로 한 공공 임대주택의 새로운 가능성은 이미 현실이 되어 누군가의 일상 속에서 실현되고 있다. 본 글에서는 홈즈를 통해 공공 차원의 스마트 홈 혁신이 가진 의미와 과제를 살펴본다.

-
에디터 **구자영**
인터뷰이 **최영주**
자료 제공 **한국토지주택공사**

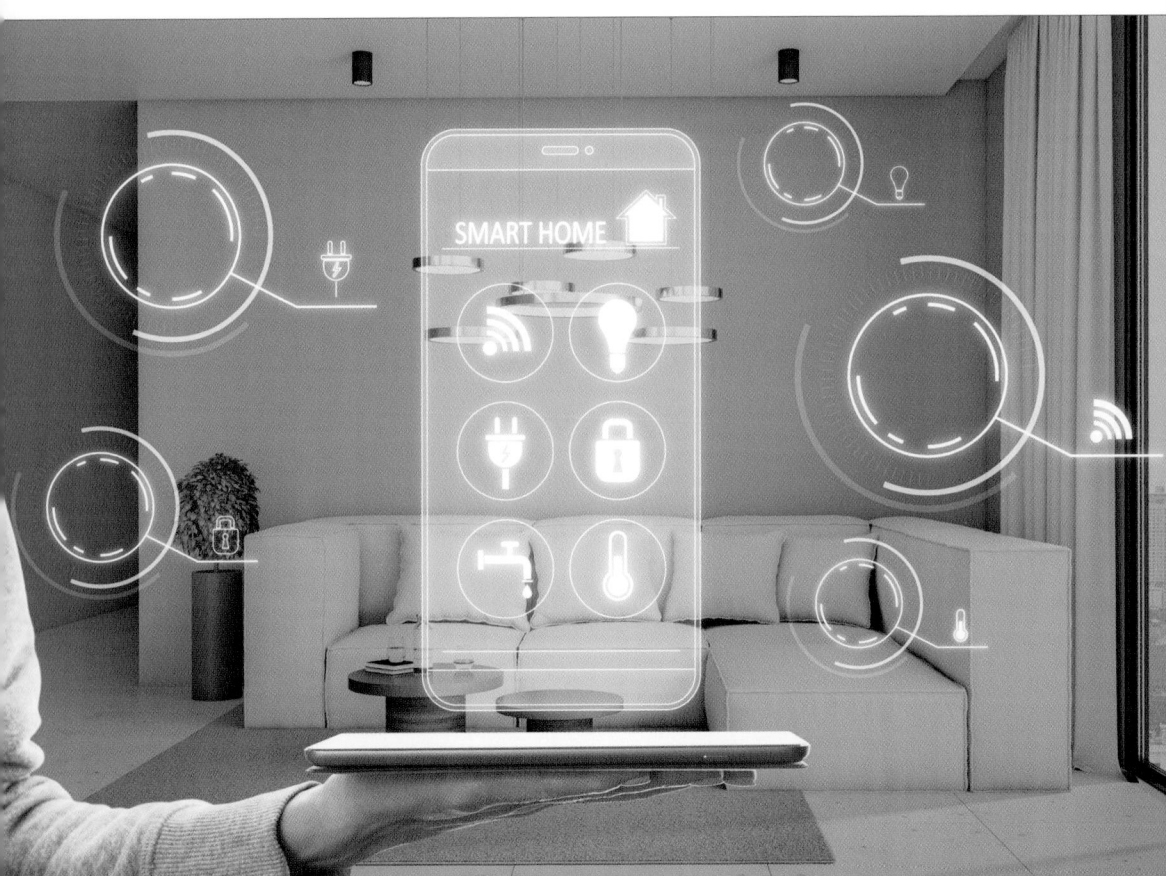

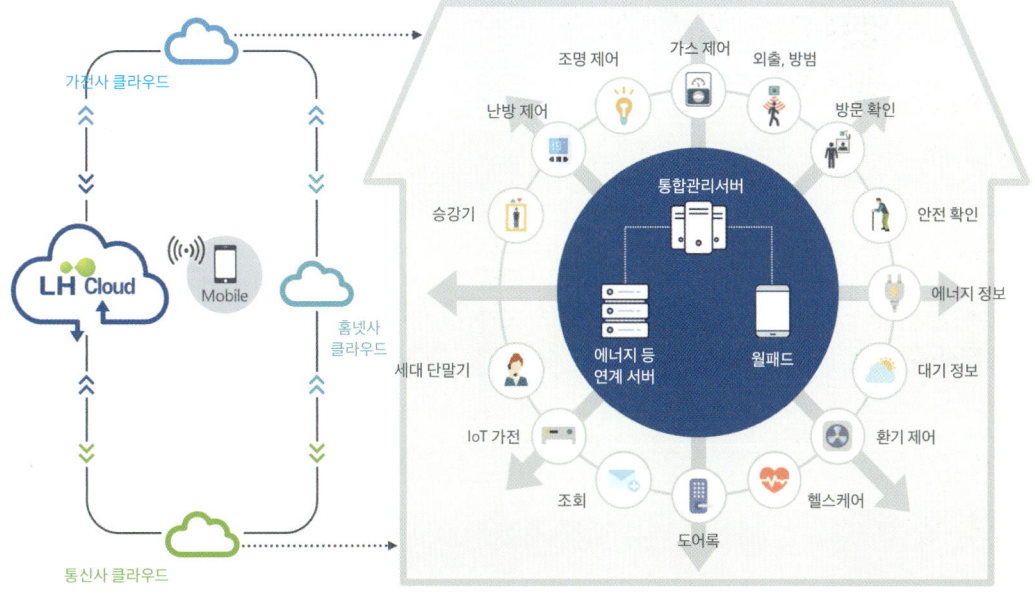

감씨(감): 공공 임대주택에서 스마트 홈 도입의 가장 큰 의의는 무엇인가.

최영주(최): 임대주택 입주민에게 최신 IoT 기술을 활용한 생활 밀착형 서비스를 제공함으로써, 분양주택과 차별 없는 주거 환경을 조성했다는 점이 가장 큰 의의다. 이를 통해 모든 LH 공공 임대주택 입주민이 스마트 홈 서비스를 균등하게 누릴 수 있게 됐다. 또한, LH 스마트 홈 플랫폼 구축을 통해 향후 민간 플랫폼과의 연계 기반을 마련했다는 점도 중요한 성과라 할 수 있겠다.

감: 공공 차원의 스마트 홈 서비스를 구현하는 과정에서 직면한 가장 큰 기술적 도전이나 과제는 무엇이었나?

최: 공공 임대주택에서 가장 큰 난관은 공사비 상승 문제다. 임대주택을 많이 공급할수록 적자가 커지는 구조 속에서 최소 비용으로 최대 효과를 낼 수 있는 스마트 홈 서비스를 개발하는 것이 중요한 과제였다. 또한 스마트 홈 서비스를 이용하는 데 필요한 통신 비용도 큰 장애물로 작용하고 있다.

감: 시스템에 사용된 센서나 컨트롤러 등 주로 사용된 제품군이나 브랜드는 무엇인가?

최: LH는 공공기관인 만큼 특정 제품이나 브랜드만을 사용할 수 없다. 따라서 다양한 업체가 참여할 수 있도록 표준화된 기준을 마련하고 있다.

감: 기술적인 한계로 실현되지 못한 기술이나 서비스가 있다면?

최: 스마트 홈 기술 자체는 이미 10여 년 전부터 개발되어 왔다. 앞서 언급한 바와 같이 시설물 설치 비용과 서비스 이용 비용이 가장 큰 걸림돌이 되고 있다. 또한 헬스케어 서비스의 경우에는 개인정보 보호 같은 민감한 이슈로 인해 서비스 제공에 어려움이 있다. 결국 기술적인 한계보다는 비용 문제와 법적 기준이 더 큰 도전 과제라고 할 수 있다.

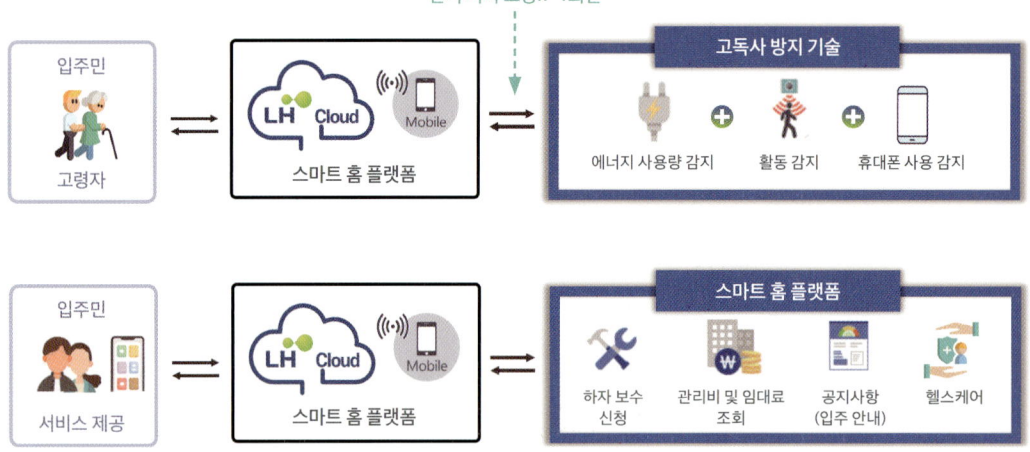

감: 입주민을 대상으로 관리비 및 임대료 조회, 하자 보수 신청, 복약 알림 등의 기능을 제공하고 있다. 이러한 기능이 입주민의 생활과 만족도에 구체적으로 어떤 영향을 미치고 있는가?
최: 서비스 제공 후 입주민을 대상으로 설문조사를 시행한 결과, 예상과 달리 임대료 조회나 하자 보수 신청 서비스 이용률이 높지 않았다. 이러한 서비스는 기존에도 다른 방법을 통해 이용할 수 있었기 때문이다. 또한, 복약 알림 기능은 사용자가 직접 정보를 입력해야 하는 방식이라 이용률이 저조한 편이었다. 반면, 승강기 호출, 일괄 소등, 난방 제어 등은 입주민의 만족도가 높다.

감: 스마트 기기나 서비스 사용에 익숙하지 않은 입주민도 있을 텐데. 기술 활용에 어려움이 있는 이들을 위해 어떤 점을 고려했나?
최: 입주민 교육은 LH에서 해결해야 할 주요 과제 중 하나다. 이를 위해 매뉴얼을 제작하고, 단지 내 도우미를 통해 사용법을 안내하는 등 다양한 방법을 도입하고 있다. 또한, 전용 앱의 UI를 최대한 직관적으로 디자인해 편의성을 높이고 있다. 그러나 고령자가 사용하기에 여전히 쉽지 않은 것이 현실이다. 반면, 젊은 입주민들은 디지털 기기에 친숙해 별도의 교육 없이도 적극적으로 활용하는 경향이 있다.

감: '홈즈'는 별도의 비용 없이 제공되는데, 이러한 무료 서비스 방식이 공공 스마트 홈 서비스의 확산에 어떤 영향을 미칠 것으로 보는가?
최: 공공 임대주택 입주민들은 일반적으로 이용료 부과에 대한 거부감이 크다. 따라서 최대한 추가 비용 없이 스마트 홈 서비스가 제공될 수 있도록 개발하고 있다. 만약 서비스 이용 과정에서 비용이 발생한다면 이는 서비스 확산에 장애물이 될 것이다.

감: 통계청의 인구총조사에 따르면 1인 가구의 비율이 2000년 15.5%에서 2023년 35.5%로 증가했다. 이러한 변화 속에서 홈즈의 '긴급 메시지 발송' 기능이 공공 안전 측면에서 기대되는 지점이 있다면?
최: 긴급 메시지 발송 서비스는 1인 가구를 고려해 개발된 서비스다. 해당 서비스가 널리 보급되고 실제 응급 상황에서 활용되는 사례가 증가한다면 자연스럽게 1인 가구 시대에 필수적인 안전망 역할을 할 것으로 기대하고 있다.

감: 입주민의 건강 관리를 위한 헬스케어 특화 서비스도 제공되고 있다. 이러한 서비스가 어르신 맞춤형 공동체주택 '해심당(海心堂)'에서 특히 어떤 효과를 창출할 것으로 기대하는가?
최: 고령자를 위한 다양한 복지 서비스를 구상하고 있으며, 그 중에서도 헬스케어 서비스가 가장 중요한 요소다. 다만 건강 정보는 개인정보 보호와 관련된 민감한 사안이기 때문에 법적 기준이

해결돼야만 보다 정교한 맞춤형 서비스 제공이 가능해진다. 향후 이러한 법적·제도적 장벽이 해소된다면, 헬스케어 서비스는 고령자 복지의 핵심적인 역할을 하게 될 것이다.

감: 공공 임대주택을 위한 스마트홈 서비스 플랫폼으로서 홈즈는 어떤 가능성을 지니고 있나? 또한, 이를 실현하기 위해 LH가 추가하거나 강화할 계획이 있는 기능이 있다면 무엇인지 소개해 달라.
최: 홈즈는 스마트폰을 통해 손쉽게 스마트 홈 서비스를 이용할 수 있는 핵심 플랫폼이다. LH는 스마트 홈 자체 서비스뿐만 아니라, 민간 플랫폼과의 연계를 통해 다양한 서비스를 제공하는 방향으로 발전시켜 나갈 계획이다.

감: 홈즈가 입주민에게 여러 서비스를 제공하는 한편, LH 측에도 긍정적인 효과를 가져올 것으로 보인다. 특히, 비용 절감 측면에서 어느 정도의 가치를 기대할 수 있는가?
최: LH는 국민 주거 복지를 실현하는 공공기관이다. 그런 점에서 스마트 홈 플랫폼을 통해 입주민들에게 생활밀착형 서비스를 제공함으로써 더욱 효과적인 주거 복지를 실현할 수 있다. 또한, AI나 IoT 기술을 적극 활용하면 인건비 절감, 서비스 시간 단축 등의 효과를 기대할 수 있을 것이다.

감: 홈즈 및 기타 스마트 홈 서비스와 관련해 현재 LH에서 계획하고 있는 서비스 확장이나 고도화 방향이 있다면?
최: 현재 LG전자, 삼성전자 등 국내 주요 가전업체와 가전 제어 연동을 협의하고 있다. 홈즈를 활용해 가전제품을 원격으로 제어하고, 이에 따른 다양한 부가서비스를 제공할 계획이다.

감: LH가 홈즈를 통해 추구하는 공공 임대주택의 장기적인 비전은 무엇인가.
최: AI 기반 스마트 홈 시스템을 통해 모든 생활밀착형 서비스를 능동적으로 제공하는 것이다. 궁극적으로는 입주민이 스마트 홈 기능을 의식하지 않아도 자연스럽게 편리한 서비스를 누릴 수 있는 환경을 구축하는 것이 목표다.

한국토지주택공사 공공주택시설처 통신사업팀
LH는 국민 주거 복지를 실현하는 공공기업으로, 공공주택시설처 통신사업팀은 공공주택 정보통신설비 및 전기차 충전설비, 소방전기설비 설계기준 수립 및 대외협의를 담당하고 있다. '24.04월 LH임대주택 스마트 홈 플랫폼을 구축해 6종 테마 38개 항목의 생활밀착형 서비스를 임대주택 입주민에게 제공하고 있으며, 향후 AI 기반 지능형 홈 서비스를 포함한 더욱 다양한 스마트 홈 기능을 확장해 나갈 계획이다.

Hospitality

열린 공간에서 시작되는
고유한 경험: LG전자

LG전자 MS사업본부

오늘날의 호텔은 숙박을 제공하는 데에서 한 발짝 더 나아가 스마트 기술을 선보이는 공간으로 거듭났다. 하루가 다르게 변화하는 시대 속에서 LG전자는 호텔 운영자와 투숙객 모두의 편의와 만족도를 높일 기술 및 서비스를 제공하며 새로운 차원의 투숙 경험을 창출하고 있다. LG전자가 바라보는 스마트 호텔의 방향성과 이를 가능케 하는 첨단 기술의 역할을 조명하며, 스마트 제어 기술과 호텔의 융합이 만들어 낼 미래를 들여다본다.

에디터 **구자영**
인터뷰이 & 자료 제공 **ID사업부 Hospitality Task**

감씨(감): LG전자는 호텔을 포함한 호스피탈리티 산업에서 스마트 제어 기술을 적극 도입하고 있다. 호텔이라는 공간에서 스마트 제어 기술이 중요한 역할을 하게 된 배경은 무엇인가? 특히, 기존의 호텔 운영 방식과 비교했을 때 스마트 제어 기술이 호텔 운영과 투숙객 경험에 가져온 가장 큰 변화는 무엇이라고 보는가.

LG전자(엘): 디지털 기기의 활용이 일상화되고 SNS를 통해 새로움 경험을 공유하는 문화가 확산되면서, 호텔도 단순한 숙박시설을 넘어 '디지털 기술을 기반으로 다양하고 특별한 경험을 제공하는 공간'으로 진화하고 있다. IoT 기술과 RMS^{Room} $^{Management\ Solution}$, 객실 관리 솔루션을 접목해 모바일 및 리모컨으로 객실 내 커튼, 조명, 온도 등을 조절하는 것은 물론, 인룸 체크아웃, 차량 대기, 어메니티 및 룸서비스 주문, VOD 콘텐츠 이어보기까지 고객에게 편리하고 다양한 경험을 제공할 수 있는 공간이 된 것이다. 이러한 변화는 호텔 운영자에게도 긍정적으로 작용한다. 중앙 원격 관제 시스템을 통해 객실 상태를 한눈에 파악하고, 인력 운영 및 관리의 효율성을 높일 수 있기 때문이다.

감: LG전자의 호텔 TV가 일반 소비자용 TV와 차별화되는 가장 큰 특징은 무엇인가? 특히, 호텔 환경에 맞춰 최적화된 기술적 요소나 기능이 있다면 설명해 달라.

엘: 일반 소비자용 TV는 주로 개인의 콘텐츠 시청을 주된 목적으로 하지만, 호텔 TV는 불특정 다수가 이용하는 공간의 특수성을 고려해야 한다. LG전자의 호텔 TV는 입실하는 고객을 인지해 맞춤형 웰컴 메시지를 제공하는 것부터 차별된다. 호텔의 각종 시설 및 서비스 소개, 프로모션 홍보는 물론, 날씨와 쇼핑, 관광, 외식 등 지역 정보를 편리하게 제공하도록 구성됐다.

또한, 각 호텔의 시설과 서비스가 다르다는 점을 고려해 운영자는 템플릿 형태의 가이드 라인을 바탕으로 호텔별로 특화된 화면 구성을 쉽게 구현할 수 있다. 특히 호텔 내 수십 대에서 수백 대에 이르는 TV를 원격으로 효율적인 관리가 가능하다는 점이 가장 큰 차별화 요소다. 호텔 솔루션과 연동된 서버를 통해 TV 상태를 실시간으로 감지해 전원을 원격으로 켜거나 끄고, 최대 볼륨 제한, 채널 리스트 및 채널 맵, 화면 설정 등 기본적인 사항들도 일괄 변경할 수 있다.

감: LG전자의 호스피탈리티 맞춤형 스마트 솔루션이 호텔 운영에 도입됨으로써 일어난 변화가 있다면?

엘: LG 호스피탈리티 TV(Hospitality TV)는 호텔 객실, 병실, 크루즈 선박, 베케이션 렌탈 하우스 등 다양한 산업 영역에서 TV 관리 및 서비스를 위해 필요한 SI(Service Integrator)의 기능들을 제공하고 있다. 객실 내 동축 케이블 기반 TV 신호가 유일한 네트워크였던 2000년대 중반부터 시작해 호텔 고객이 원하는 기능들을 지속적으로 구현하며 발전시켜 왔다. 특히 '프로 이디엄(Pro:Idiom)'이라는 TV 채널 DRM[1] 기술을 도입해 콘텐츠 보안의 필요성을 환기시켰으며 호텔 업계의 표준화된 요소로 정착시켰다. 또한 객실마다 별도로 설치 및 연결이 필요했던 서비스용 셋톱박스를 TV에 빌트인한 올인원(all-in-one) 솔루션을 제공해 SI들이 겪던 불편을 해소했다. 이후 IP 인프라가 객실 환경에 보편화됨에 따라 호스피탈리티 전용 플랫폼인 '프로 센트릭(Pro:Centric)'을 런칭했고, API 제공을 통해 SI가 호텔에 특화된 자체 서비스 앱과 관리 서버를 구현할 수 있는 생태계를 마련했다.

나아가, LG는 온프레미스[2] 솔루션(Pro:Centric Direct)과 클라우드 솔루션(Pro:Centric Cloud)을 모두 지원해 SI가 손쉽게 모든 기능을 구현하고 관리할 수 있도록 했다. 대표적인 사례로 프로 센트릭 서버에서 다양한 템플릿과 위젯을 제공해, 객실마다 직접 방문하지 않고도 TV 설정, 업그레이드, 앱 업데이트 등 모든 관리를 원격으로 일괄 처리할 수 있게 한 점을 들 수 있다.

감: LG 프로 센트릭 클라우드(Pro:Centric Cloud)의 가장 큰 강점은 무엇인가? 기존 온프레미스 방식과 비교해 클라우드 기반 호텔 TV 관리 솔루션이 가지는 운영상의 이점도 함께 설명해 달라.

엘: 무엇보다도 물리적 하드웨어 서버 설치와 유지보수에 드는 비용을 절감할 수 있다는 것이 가장 큰 강점이다. 또한, 유지보수나 장애 대응 등의 상황에서 현장 방문 없이 원격으로 관리하고 문제를 신속히 처리할 수 있다는 이점이 있다.

감: 스마트 호텔 시스템에서 데이터 분석은 중요한 요소다. LG전자의 스마트 솔루션은 호텔 내 데이터를 어떻게 수집하고 활용하는가? 예를 들어, 투숙객 이용 패턴 분석을 바탕으로 어떤 방식으로 서비스를 최적화하는지 궁금하다.

엘: 호텔 입장에서 투숙객의 객실 TV 시청 패턴은 유의미한 데이터로 활용할 수 있다. 즉, 투숙객이 객실에 머무르는 시간 대비 TV 시청 시간대 및 총

LG 프로 센트릭 클라우드(Pro:Centric Cloud)는 클라우드 기반 호텔 TV 관리 솔루션으로, 물리적 하드웨어 서버 설치 및 유지보수 비용을 절감할 수 있다는 강점을 지닌다.

LG전자는 콘텐츠 소비 행태의 변화와 OTT 및 캐스팅 기술 수요 증가에 발맞춰 B2B 전용 듀얼 캐스팅Dual Casting을 도입했다.

시청 시간, OTT 콘텐츠 시청 시간 등 상세 데이터를 분석해 투숙객의 TV 활용 방식을 파악할 수 있다. 이를 통해 호텔 고유의 차별화된 서비스 및 맞춤형 콘텐츠 제공이 가능해진다.

감: 세계 최초로 애플의 에어플레이AirPlay와 구글의 구글 캐스트Google Cast를 동시에 지원하는 '호텔 TV'를 공개했다. 두 기술을 함께 제공하는 이유는 무엇이며, 호스피탈리티 업계에 미칠 영향은 무엇이라고 보는가?

엘: 최근 콘텐츠 및 TV 플랫폼이 다양해지고 TV 방송 채널 중심에서 개인화된 콘텐츠 소비로 변화하는 추세다. 콘텐츠 소비의 주력 폼팩터form factor 3)도 TV에서 스마트폰, 태블릿 등 모바일 디바이스로 확대되고 있다. 특히 집에서도 대화면의 스마트 TV보다는 개인 모바일 기기를 통해 콘텐츠를 시청하는 사례가 점점 증가하는 추세다. 또한 MZ세대를 중심으로 BYODBring Your Own Device 경향이 두드러진다. 투숙객들은 개인 모바일 기기에서 소비하는 콘텐츠를 객실 내 대형 화면인 TV를 통해 시청하기를 바란다. 이러한 요구에 따라 호스피탈리티 업계에서 OTT와 캐스팅Casting 기술 수요가 빠르게 늘고 있으며, LG는 이에 대응하기 위해 애플 및 구글과의 협력을 통해 iOS와 안드로이드Android를 모두 지원하는, B2B 전용 듀얼 캐스팅Dual Casting을 도입했다. 이러한 기술 도입은 콘텐츠 소비 경향과 플랫폼 다양성에 발맞춰, TV라는 디바이스의 역할이 B2C뿐만 아니라 B2B 영역에서도 확대되고 있음을 시사한다. 나아가 고객과 지역, 국가별로 선호하는 플랫폼이 다른 점을 감안할 때, 호스피탈리티 업계와 고객, 시장의 요구에 LG전자가 적극적으로 대응하고 있음을 의미한다.

감: 투숙객의 개인정보 보호 및 보안을 위해 LG전자 호텔 TV에 적용된 기술이 있다면? 아울러, 해당 기술이 작동하는 원리도 간략히 소개해 달라.

엘: 과거 객실 TV는 별도의 개인정보 등록 없이 단방향 TV 채널 콘텐츠를 시청하는 용도로 사용됐다. 최근에는 OTT 및 개인화된 콘텐츠 소비를 위해 개인정보 등록과 로그인이 필수적으로 요구되는 환경으로 변화했다. 개인이 사용하는 B2C TV와는 달리 호텔 객실 TV는 불특정 다수가 사용하기에 개인정보와 로그인 데이터Credential Data가 TV에 남아 있을 경우 문제가 될 수 있다. 특히 넷플릭스Netflix 등의 글로벌 OTT 플랫폼 기업들은 개인정보 유출 문제를 매우 엄격하게 다루고 있는 만큼 개인정보 보안 검증이 완료된 업체에만 B2B 인증을 부여하고 있다.

이에 LG전자 호텔 TV는 PMSProperty Management System, 호텔 예약 정보 시스템와 연동해 투숙 기간 동안만 개인정보를 유지하고 투숙객 체크아웃check-out 시점에 OTT 서비스에 입력된 개인정보를 자동으로 삭제하는 기능을 제공한다. PMS와 연동하지 않더라도 TV의 전원이 꺼지면 자동으로 개인정보가 삭제되는 기능을 적용함으로써 개인정보 보호 및 보안을 강화하고 있다.

감: LG전자 호텔 TV의 운영체제인 webOS가 호스피탈리티 시설 환경에서 지니는 강점은?

엘: 호스피탈리티 환경에서 TV 플랫폼의 역할은 단순한 콘텐츠 소비를 넘어 호텔 운영자에게는 운영·관리의 편의성과 수익성 향상을, 고객에게는 더욱 질 높은 서비스를 제공하는 방향으로 확대되고

있다. 호텔과 SI와 같은 사업 주체들이 보다 쉽게 수익을 창출하고 서비스를 확장하기 위해서는 플랫폼 자체의 완성도 및 유연성이 중요하다. 다른 TV 제조사들이 AOSP^{Android Open Source Project}와 같은 외부 플랫폼을 차용해 TV를 구성하는 것과는 달리, LG는 TV 하드웨어뿐만 아니라 자체적으로 개발한 범용 플랫폼인 webOS를 보유하고 있다. 따라서 B2B 고객 특성 및 요구에 보다 신속하고 근본적으로 대응할 수 있다. 또한 산업 환경에 특화된 webOS 기반의 프로 센트릭 플랫폼을 활용해 호텔 고객 및 SI가 필요로 하는 최적의 콘텐츠 서비스 환경과 맞춤형 솔루션을 제공할 수 있다는 점이 강점이다.

감: LG전자는 객실 내 서비스 제공을 넘어, 호텔 운영 전반을 혁신하는 방향으로 관련 기술을 개발하고 있다. 향후 스마트 호텔 솔루션이 어떤 방향으로 진화할 것으로 예상하는가? 일례로 스마트 시티와의 연계 가능성이나 더 넓은 공간 관리 시스템으로의 확장 가능성이 있는지?
엘: 현재 IP 기반 인프라 및 사물 간 통신에 대해 호텔 시장은 아직까지는 보수적인 편이다. 그러나 향후 고객에게 차별화된 경험을 제공하고 관리 비용 절감 및 운영 효율성을 높인다는 측면에서 볼 때, IoT 기반 스마트 호텔은 점차 보편적인 모습으로 자리 잡을 것이다. 현재 호텔 내에는 객실 내 호텔 TV 및 관리를 위한 RMS^{Room Management Solution}, 공용 공간 사이니지^{signage} 및 LED 디스플레이를 위한 CMS^{Content Management Solution}, 공조 관제를 위한 BMS^{Building Management Solution}, 에너지 관리를 위한 EMS^{Energy Management Solution}, 서비스 품질 관리를 위한 QMS^{Quality Management Solution} 등 다양한 솔루션이 존재한다. 이렇게 각기 다른 솔루션은 단일 통합 솔루션 형태로 진화하기보다는 이종 솔루션 간 데이터를 기반으로 하는 하이브리드 솔루션^{Hybrid Connectivity Solution} 형태로 진화·발전할 수 있다고 본다. 이러한 통합 솔루션은 호텔뿐 아니라 리테일, 오피스, 주거 등 다양한 공간에도 접목될 수 있을 것이다.

감: 앞으로 글로벌 호스피탈리티 시장에서 경쟁력을 강화하기 위해 추진하고 있는 전략이나 비전이 있다면?
엘: 지난 25년간 호텔 전용 TV 기반의 프로 센트릭 플랫폼을 중심으로 글로벌 호텔 체인 및 SI들과의 협력을 통해 사업을 발전시켜 왔다. B2B 시장에서는 사업 동반자와 함께 성장해야 한다는 신념 하에 호텔 고객과 운영자 관점에서 필요한 부분을 지속적으로 고민하고 보완해 왔다. 앞으로도 단순히 공급자 중심의 제품과 솔루션이 아니라, 사업 파트너와의 상호 가치 창출을 최우선으로 하는 전략을 추진할 계획이다.

특히, 개인화된 콘텐츠 소비 및 양방향성의 증가, 디바이스의 다양성 등 변화하는 TV의 패러다임에 대응해 새로운 개념의 차세대 인룸 TV^{Next Generation In-Room TV} 개발에도 힘쓸 것이다. 다양한 문화, 여가, 엔터테인먼트 등 다채로운 콘텐츠 제공은 물론, 투숙객과 호텔 간의 양방향 소통 매개체로서의 역할을 강화한 인터렉티브 인룸 디스플레이^{Interactive In-Room Display}로 발전시켜 LG전자만의 독보적인 TV·솔루션 사업을 구축하고자 한다.

감: LG전자가 추구하는 스마트 공간의 궁극적인 목표는? 호텔뿐만 아니라 다양한 공간에서 LG전자가 실현하고자 하는 서비스 방향성이 궁금하다.
엘: TV 외 키오스크, LED, 전자칠판, 오디오, 서비스 로봇, AI 기술 등을 통해 호텔뿐 아니라 주거, 오피스, 리테일, 물류센터 등 다양한 공간의 디지털 전환을 주도하고자 한다. 고객이 입장하는 순간부터 퇴장할 때까지의 모든 여정에 맞춰 공간마다 특화된 서비스를 제공하는 종합적인 서비스 로드맵을 구축하고, 이를 기반으로 스마트 공간 전환을 실현하는 것이 LG전자가 추구하는 비전이다.

1) DRM: 디지털 저작권 권리를 뜻하는 'Digital Right Management'의 준말이다.
2) 온프레미스^{on-premise}: 기업이 자체적으로 서버를 구입해 설치하고 운영하는 방식
3) 폼팩터^{form factor}: 제품의 물리적 외형을 뜻한다. 기존에는 컴퓨터 하드웨어 규격을 지칭했지만, 최근에는 스마트폰을 비롯한 다양한 기기에 관한 용어로도 자주 쓰이고 있다.

호텔 내에 존재하는 다양한 솔루션은 단일 통합 솔루션 형태로 진화하기보다는 이종 솔루션 간 데이터를 기반으로 하는 하이브리드 솔루션 Hybrid Connectivity Solution 형태로 진화하고 발전할 수 있다.

LG전자 MS사업본부 ID사업부 ID Hospitality Task
LG전자의 ID Information Display Hospitality Task는 LG전자가 보유한 호텔 TV 및 솔루션 사업 역량을 기반으로 호스피탈리티 시장에서의 사업을 주도하고 있다. 호텔 시장에 국한하지 않고 크루즈, 헬스케어, 단기임대 숙박 시설 등으로 사업 영역을 확장하고 있다. 아울러 변화하는 시장 트렌드에 맞춰 복합단지, 공공시설 등 다양한 영역에서 사업 기회를 적극 발굴하고, 차별화된 고객 경험으로 새로운 영역에서의 수요를 창출하고 있다. 독자적인 B2B 전용 솔루션과 webOS 플랫폼에 기반한 편리한 UX로 B2B 고객뿐 아니라 최종 사용자 end-user의 경험까지 혁신하고자 한다.

5

ISSUE

Trend

IoT 기술로 혁신하는 건설 시장:
빅테크 기업의 선점 경쟁

대표적인 아날로그 산업으로 여겨지던 건설 시장이 IoT 기술을 적극적으로 도입하며 빠르게 혁신하고 있다. IoT 기술을 활용하면 설계, 시공, 운영 등 건설 전 과정에서 데이터 기반 의사결정을 지원하여 에너지 효율성 강화, 비용 절감, 안전성 향상 등의 다양한 효과를 기대할 수 있다는 점에서 향후 건축 IoT 시장은 폭발적으로 성장할 것으로 예상된다. 이에 발맞춰 글로벌 빅테크 기업들의 시장 선점 경쟁도 더욱 치열해지고 있다.

-
에디터 **박지일**

시장조사기관 포춘 비즈니스 인사이트Fortune Business Insights에 따르면, 글로벌 IoT 시장 규모는 2024년 7144억 8천만 달러에서 2032년 4조 623억 4천만 달러로 연평균 24.3%로 성장할 전망이다. 또한, Research Nester의 보고서는 글로벌 건설 IoT 시장이 2023년 115억 8천만 달러(약 15조 원)에서 2036년 824억 6천만 달러(약 107조 원) 규모로 확대되며, 연평균 성장률(CAGR)은 16.3%에 달할 것으로 분석했다. 스마트 빌딩 수요 증가와 지속 가능한 건축 기술 도입이 주요 성장 요인으로 꼽힌다.

이러한 성장 추세에 따라 마이크로소프트, IBM, 지멘스, 아마존, 구글 같은 글로벌 빅테크 기업들은 클라우드, AI, 데이터 분석 기술을 결합한 스마트 빌딩 및 스마트 시티 솔루션을 제공하며 시장을 주도하고 있다. 구글 홈Google Home, 아마존 알렉사Amazon Alexa, 애플 홈킷Apple HomeKit은 스마트 홈 허브로, 가전제품, 조명, 보안 시스템 등을 통합 관리하는 대표적인 솔루션이다. 이 밖에도 IoT 플랫폼과 AI 기술을 활용해 건축자재 및 장비 위치 추적, 건설 현장 안전 강화, 에너지 효율 최적화, 유지보수 자동화 등 다양한 서비스를 지원하는 다양한 솔루션이 곳곳에서 출현 중이다.

주요 빅테크 기업들의 건축 IoT 기술 활용

마이크로소프트는 자사의 클라우드 플랫폼 '애저Azure'를 통해 건축 IoT 시장에서 영향력을 확대하고 있다. 애저는 건설 현장의 장비와 센서를 실시간으로 연결해 데이터 수집 및 분석을 수행하며, 이를 통해 프로젝트 관리 효율성을 높이고 유지보수 비용을 절감할 수 있도록 지원한다. 실제로 한 대형 건설 프로젝트에서는 애저를 활용해 장비 상태를 모니터링하고 고장을 예측함으로써 유지보수 비용을 20% 이상 절감한 사례가 보고되기도 했다. IBM의 '왓슨Watson IoT' 플랫폼은 AI와 IoT를 결합해 건물 내 에너지 관리, 설비 유지보수, 안전 관리 등을 최적화하고 있다. 지멘스는 IoT 플랫폼 '마인드스피어MindSphere'를 통해 스마트 시티와 스마트 빌딩 관리 시스템을 실시간으로 통합 관리한다.

아마존과 구글도 건축 IoT 시장에 적극적으로 뛰어들고 있다. 아마존은 'AWS IoT' 플랫폼을 통해 대규모 데이터를 실시간으로 분석하고 건물 관리 시스템과

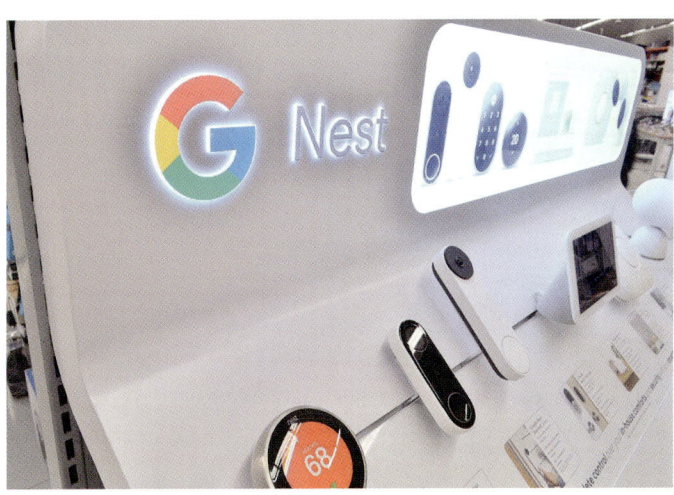

연계해 에너지 최적화 및 운영 효율성을 개선하는 데 집중하고 있다. 한편, 구글은 네스트Nest 브랜드를 통해 스마트 홈 및 빌딩 자동화 기술을 제공하고 있으며, AI 기반 에너지 관리 솔루션을 통해 사용자 친화적인 스마트 빌딩 환경을 구축하고 있다.

  실제로 IoT 기술을 도입한 글로벌 기업들의 성과는 뚜렷하다. 영국 건설업체 밸푸어 비티Balfour Beatty는 IoT 기술을 도입한 후 건설 현장에서 장비 가동률을 25% 향상시켰으며, 미국 건설기업 카테라Katerra는 IoT 기반 실시간 모니터링 시스템을 활용해 건설 자재 낭비를 30% 이상 감소시켰다. 일본 건설사 시미즈 코퍼레이션Shimizu Corporation은 작업자들이 착용하는 IoT 기반 웨어러블 장비를 도입해 열사병 사고를 40% 감소시켰다. 독일의 지멘스Siemens는 IoT 기반 빌딩 자동화 시스템으로 실내 온도 조절과 조명을 자동화해 에너지 효율성을 크게 향상시킨 바 있다.

  이 밖에도 산업 장비의 에너지 효율성 향상을 위해 2020년부터 단계적 탄소 중립 노력을 시행한 보쉬Bosch는 IoT와 머신러닝을 활용해 에너지 소모량을 감축한다. 인도 IoT 기업 IBC 큐브IBC Cube는 자체 시스템을 이용해 전력 공급 장치가 사용 가능한 전기를 사용하는 동안 그들이 운영하는 디젤 백업 발전기 가동을 자동으로 중단하면서 연료를 절약하도록 지원한다.

국내에서도 IoT 기술 도입이 빠르게 진행 중이다. 정보통신기획평가원IITP의 「2022년 사물인터넷 산업 실태조사」에 따르면, 국내 IoT 사업체는 전년 대비 증가한 2,955개사로 나타났다. 특히 국내 건설 시장에서 IoT 기술의 도입은 지속적으로 증가하는 추세다. IoT를 기반으로 한 스마트 건설 기술의 성장률은 전체 건설 시장 대비 약 1.8배 높을 것으로 예상되며, 국내 스마트 건설 시장은 연평균 성장률CAGR 16.5%로 전망된다. 이러한 성장에 발맞춰, 국내 여러 기업이 건설 분야에 특화된 IoT 솔루션을 개발하고 있다. 한국전자통신연구원ETRI은 도심지 건설 현장 주변의 지반과 구조물 변형을 실시간으로 감시하는 IoT 센싱 및 통신 기술을 개발했다. 이 시스템은 센싱 데이터를 취합 및 분석해 실시간 정보화·가시화를 가능하게 하며, 공사 현황과 위험 상황에 대한 정보를 전달한다. 현대건설은 BIM 기반의 디지털 현황판인 'HIBoardHyundai IoT Smart Dash-Board'를 개발해 현장 운영 정보를 실시간으로 확인할 수 있도록 했다. SK에코플랜트는 일부 현장에 IoT 기반의 '스마트 오퍼레이션 시스템'을 도입했다. 이 시스템은 통합관제센터를 통해 CCTV 및 대시보드로 현장 상황을 실시간 모니터링하고 제어한다. 이를 통해 소음, 분진, 환경오염, 사고의 위협 등을 효과적으로 관리하여 사고 및 민원을 감소시키기도 했다.

빅테크 기업들의 이러한 움직임은 단순한 사업 다각화를 넘어 건설 및 부동산 업계의 디지털 전환을 가속화하는 핵심 동력이 될 것으로 예측된다. 또한, IoT 기술을 활용한 스마트 건축 및 스마트 시티 시장은 친환경과 지속가능성을 강조하는 글로벌 트렌드와 맞물려 지속적으로 성장할 전망이다.

Security

진동 신호
Vibration-Response

사용자 인증
User Authentication

공중에서의 서명
Signing in the Air

걸음걸이
Gait

Motion Data
움직임 데이터

음성 인식
Speech Recognition

개인정보 도출 공격
Privacy Leakage Attack

키 입력 추론 공격
Keystroke Inference Attack

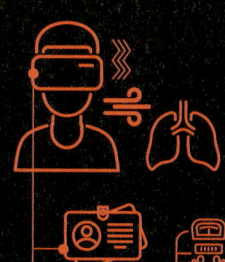
신원 체지방율
Identity Body Fat Rate

데이터로 예측하는 보안

제어 기술은 사람과 사물, 공간을 연결할 만큼 진보했지만 편리와 안정성 사이에서 균형을 잡는 일은 여전히 중요한 과제로 남아 있다. 발전 속도가 빨라질수록 이에 대한 고민도 깊어져야 한다. 움직임 데이터의 사례를 중심으로 IoT 디바이스에 기반한 정보 보안의 가능성과 과제를 고찰해 본다.

-
글 이선우

정보의 생성, 전송, 저장, 처리를 가능하게 하는 ICT Information and Communications Technologies 기술의 발전은 사람과 디바이스기기, 디바이스와 디바이스를 네트워크로 연결하는 IoT 기술의 발달로 이어졌다. 실시간으로 데이터를 주고받으며 하나의 거대한 시스템을 이루는 환경에서 IoT 디바이스는 지능적인 서비스도 제공하며 우리의 삶에 편리함과 효율성을 더하고 있다. 먼저, 스마트 워치는 사용자의 심박수, 걸음 수, 수면 패턴 등을 실시간으로 추적해 건강 관리를 돕는다. 스마트폰은 IoT 환경의 중심에 자리하며, 다른 IoT 디바이스와 연동돼 데이터를 주고받는다. 몰입형 경험을 제공하는 VR Virtual Reality, 가상현실 및 AR Augmented Reality, 증강현실 기기는 교육, 엔터테인먼트, 의료, 산업 등 다양한 분야에서 혁신을 일으키고 있는데, 물리적 환경과 디지털 데이터를 융합한다는 점에서 특히 주목받고 있다.

이처럼 각 디바이스에서 수집·활용되는 데이터는 편리성과 효율성을 제공하는 동시에 '정보 보안'이라는 도전 과제도 제시한다. 디바이스에 탑재된 모션 센서로 측정되는 '움직임 데이터'가 대표적인 예다. 모션 센서는 매우 작은 크기로 움직임을 감지하고 데이터를 생성하는 장치로, '미세 전자 기계 시스템'을 뜻하는 MEMS Micro-Electro-Mechanical Systems 기술에 바탕을 둔다. 스마트 워치에서는 모션 센서가 사용자의 움직임을 분석한 후 칼로리 소모량이나 걸음 수를 계산해 일일 활동량을 제공하고, 스마트폰에서는 기기의 기울기와 방향을 감지해 모바일 자동차 경주 게임 등의 조작을 가능하게 한다. VR 및 AR 기기에서도 모션 센서는 사용자의 머리 움직임이나 손의 동작을 추적하는 식으로 경험의 몰입감을 높인다. 사용자가 머리를 움직이면 AR 환경 내에서 시야가 변화하며, 컨트롤러의 움직임은 가상 환경에서 물체를 조작하는 데 쓰이는 식이다.

이렇게 측정된 움직임 데이터는 사용자 인증 시스템을 강화하는 데 활용되며, 보안의 측면에서 새로운 가능성을 보여준다. 그 예로는 걸음걸이에 기반한 사용자 인증 시스템이 있다. 사람마다 고유한 걸음걸이 패턴을 모션 센서로 측정하고 분석해 사용자를 인증하는 방식이다[1-3]. 비밀번호나 개인 식별 번호 PIN를 기억해야 한다는 부담을 덜어줄 뿐만 아니라, 자연스럽게 걷기만 해도 인증이 이뤄진다는 점에서 편리하다. 또한, 스마트 워치를 착용한 채로 공중에서 서명을 하거나 특정 손가락을 움직이는 동작을 측정하고 분석해 사용자를 인증하는 시스템도 연구된 바 있다[4-5]. 개개인마다의 서명 동작이 고유하다는 특성을 활용한 신원 확인 방식이다.

뿐만 아니라, 진동 신호를 이용한 사용자 인증 연구가 진행되기도 했다. 진동 신호는 사람의 신체적 구조에 따라 흡수, 반사, 전파되는 방식이 달라진다는 점에서 비롯된다. 스마트 워치에서 진동 Challenge을 발생시키고, 이에 대한 반응 신호를 내장된 모션 센서로 측정한다. 사람마다 손목 구조가 다르기 때문에 반응 신호의 패턴도 각기 다르며, 이를 분석해 사용자를 인증하는 방식이다[6]. 이와 비슷하게 VR 및 AR 기기의 머리 부분에 장착하는 디스플레이 장치 HMD Head-Mounted-Display에서도 진동을 발생시키고, 모션 센서로 측정한 반응 신호로 사용자를 인증하는 방법이 연구되기도 했다[7]. 진동 신호가 사람의 머리를 통해 전파되는 과정에서 나타나는 패턴은 개개인마다 다르므로, 이를 활용하면 신뢰도 높은 사용자 인증이 가능하다. 이렇게 움직임에 기반한 인증 방식은 이미 디바이스에 내장된 모션 센서와 진동 센서를 활용할 수 있기 때문에 별도의 센서나 하드웨어를 필요로 하지 않는다. 비용 효율성이 높다는 점에서도 주목할 만하다.

반면, 움직임 데이터가 악용될 가능성도 존재한다. 기존 IoT 디바이스에 내장된 모션 센서는 사용자의 명시적인 허가 없이 데이터를 수집할 수 있다. 스마트폰에 앱을 설치하거나 실행할 때 *"해당 앱이 카메라로 접근하려고 합니다. 동의하시겠습니까?"*라는 알림이 표시되곤 하는데 이는 사용자의 권한Permission을 요구하는 절차로, 사용자가 명확히 허락한 경우에만 해당 앱이 카메라를 활용할 수 있도록 제어한다. 이를 통해 사용자는 해당 앱이 어떤 데이터를 사용하는지 인지할 수 있고, 개발자도 프라이버시 문제를 고려할 수 있다. 하지만 모션 센서 데이터에는 권한 요청 없이도 접근할 수 있기 때문에 공격자가 해당 데이터를 악용해 사용자의 민감한 정보를 도출할 위험을 높인다.

사용자는 자신의 움직임 데이터가 악용되고 있다는 사실을 인지조차 하지 못하는 경우가 많아 그 위험성이 더욱 크다. 사람이 소리 내어 말할 때 발생하는 미세한 진동은 움직임 데이터로 간주될 수 있는데, 스마트폰에 내장된 모션 센서로 이러한 진동 신호를 측정하고 분석해 스마트폰 주변의 음향 신호를 도청하는 연구가 이뤄진 바 있다[8-11]. 이와 유사하게, 사용자가 말을 할 때 얼굴에서 발생하는 미세한 움직임을 VR 및 AR 기기의 HMD 내 모션 센서로 측정해 사용자가 발화한 단어나 문장을 유추하는 방법도 연구됐다[12]. 또한, VR 및 AR 환경에서 사용자가 컨트롤러로 가상 키보드를 입력할 때, 컨트롤러의 움직임 데이터나 HMD의 머리 움직임 데이터를 분석해 사용자가 입력한 내용을 유추하는 공격이 이뤄진 적도 있다[13-14]. 이는 사용자가 특정 키를 입력하려 할 때 자연스럽게 해당 키에 시선을 두고, 컨트롤러 역시 입력하는 방향으로 움직인다는 점을 악용한 사례다. 뿐만 아니라 단순히 발화나 타이핑 내용을 추론하는 것을 넘어 생체 정보 등의 민감한 데이터를 도출하는 공격도 가능하다. 사용자의 혈압이나 호흡에 의해 발생하는 얼굴의 미세한 진동을 VR 및 AR 기기로 측정하고 분석해 사용자의 성별, 체지방률, 심지어 신원Identity까지 재식별Re-identification하는 방법이 연구된 것이다[15-16]. 이와 같은 연구들은 움직임 데이터가 보안과 공격의 양측에서 활용될 수 있다는 점을 시사한다.

이 글에서는 움직임 데이터를 중심으로 논의했지만, IoT 디바이스에서 수집·생성되는 데이터는 보안 체계를 강화하는 핵심 자원이 되는 한편, 공격자의 표적이 될 수도 있다는 양면성을 지닌다. 따라서 IoT 보안 체계는 기술적 완성도와 사용자 경험을 모두 고려해서 설계돼야 하며, 데이터 악용 가능성을 최소화하기 위한 법적, 기술적, 윤리적 기준이 마련돼야 한다. 이를 위해 학계, 산업계, 정책 입안자 간의 협력과 지속적인 연구가 필수적이다. 이러한 노력을 통해 기술적 문제 해결을 넘어 IoT 디바이스가 사용자 데이터의 안전성과 프라이버시를 동시에 보장하며 더욱 신뢰받을 수 있도록 발전해 나가야 할 것이다.

참고문헌

[1] Delgado-Santos, Paula, et al. "GaitPrivacyON: Privacy-preserving mobile gait biometrics using unsupervised learning." *Pattern Recognition Letters* 161 (2022): 30-37.

[2] Sunarya, Unang, et al. "Feature analysis of smart shoe sensors for classification of gait patterns." *Sensors* 20.21 (2020): 6253.

[3] Johnston, Andrew H., and Gary M. Weiss. "Smartwatch-based biometric gait recognition." *2015 IEEE 7th International Conference on Biometrics Theory, Applications and Systems (BTAS)*. IEEE, 2015.

[4] Buriro, Attaullah, et al. "Airsign: A gesture-based smartwatch user authentication." *2018 International Carnahan Conference on Security Technology (ICCST)*. IEEE, 2018.

[5] Buriro, Attaullah, et al. "S nap a uth: a gesture-based unobtrusive smartwatch user authentication scheme." *Emerging Technologies for Authorization and Authentication: First International Workshop, ETAA 2018, Barcelona, Spain, September 7, 2018, Proceedings 1*. Springer International Publishing, 2018.

[6] Lee, Sunwoo, Wonsuk Choi, and Dong Hoon Lee. "Usable user authentication on a smartwatch using vibration." *Proceedings of the 2021 ACM SIGSAC Conference on Computer and Communications Security*. 2021.

[7] Li, Feng, et al. "Vibhead: An authentication scheme for smart headsets through vibration." *ACM Transactions on Sensor Networks* 20.4 (2024): 1-21.

[8] Michalevsky, Yan, Dan Boneh, and Gabi Nakibly. "Gyrophone: Recognizing speech from gyroscope signals." *23rd USENIX Security Symposium (USENIX Security 14)*. 2014.

[9] Ba, Zhongjie, et al. "Learning-based Practical Smartphone Eavesdropping with Built-in Accelerometer." *NDSS*. Vol. 2020. 2020.

[10] Anand, S. Abhishek, and Nitesh Saxena. "Speechless: Analyzing the threat to speech privacy from smartphone motion sensors." *2018 IEEE Symposium on Security and Privacy (SP)*. IEEE, 2018.

[11] Hu, Pengfei, et al. "Accear: Accelerometer acoustic eavesdropping with unconstrained vocabulary." *2022 IEEE Symposium on Security and Privacy (SP)*. IEEE, 2022.

[12] Shi, Cong, et al. "Face-Mic: inferring live speech and speaker identity via subtle facial dynamics captured by AR/VR motion sensors." *Proceedings of the 27th Annual International Conference on Mobile Computing and Networking*. 2021.

[13] Wu, Yi, et al. "Privacy leakage via unrestricted motion-position sensors in the age of virtual reality: A study of snooping typed input on virtual keyboards." *2023 IEEE Symposium on Security and Privacy (SP)*. IEEE, 2023.

[14] Slocum, Carter, et al. "Going through the motions:{AR/VR} keylogging from user head motions." *32nd USENIX Security Symposium (USENIX Security 23)*. 2023.

[15] Zhang, Tianfang, et al. "FaceReader: Unobtrusively Mining Vital Signs and Vital Sign Embedded Sensitive Info via AR/VR Motion Sensors." *Proceedings of the 2023 ACM SIGSAC Conference on Computer and Communications Security*. 2023.

[16] Zhang, Tianfang, et al. "Passive Vital Sign Monitoring via Facial Vibrations Leveraging AR/VR Headsets." *Proceedings of the 21st Annual International Conference on Mobile Systems, Applications and Services*. 2023.

이선우

서강대학교에서 수학 학사학위를, 고려대학교 정보보호대학원에서 정보보호 박사학위를 취득했다. 이후 삼성리서치Samsung Research에서 책임 연구원Staff Engineer로 근무했으며, 현재는 서울여자대학교 정보보호학과 조교수로 재직 중이다. 주요 연구 분야는 부채널 공격side-channel attacks, IoT 보안IoT security, 센서 보안sensor security, 사용 가능한 보안usable security 등이다.

Forecast

보이지 않는 건축재료의 혁신:
스마트 시티를 조율하는 AIoT

스마트 도시는 어떻게 만들어지는가?
우리가 살아가는 도시는 거대한 건축물들의 집합체다. 과거의 도시는 나무, 철, 콘크리트, 유리 같은 물리적 재료로 만들어졌다. 그러나 오늘날 이제 도시는 더이상 단순한 구조물로만 이루어지지 않는다. 보이지 않는 새로운 건축재료가 공간에 스며들며, 실시간으로 환경을 조정하고 변화시키는 능동적인 도시 환경을 만들어 내고 있다.

이 변화의 중심에는 '스마트 도시'가 있다. 스마트 도시는 데이터와 첨단 기술을 활용하여 도시를 더욱 효율적으로 운영하는 공간이다. 교통, 에너지, 환경, 보안 등 도시의 여러 핵심 요소가 연결되고 최적화되며 시민들은 더욱 편리하고 지속 가능한 삶을 누릴 수 있다.

이 가운데 'AIoT(Artificial Intelligence of Things, 인공지능 사물인터넷)'는 스마트 도시를 움직이는 가장 중요한 요소다. AIoT는 단순히 건물이나 설비를 자동화하는 수준을 넘어 공간을 스스로 학습하고 조정하는 역할을 수행한다. 그러나 이러한 변화는 우리가 쉽게 인식할 수 있는 것이 아니다. 우리가 매일 걷는 거리, 머무르는 건축물, 스쳐 지나가는 공공 공간 속에서 AIoT는 보이지 않는 건축재료처럼 작동하고 있다. 그렇다면 AIoT는 어떻게 도시를 변화시키고 있을까? 이 글에서는 우리가 인식하지 못하는 사이 AIoT 기술이 건축재료처럼 공간을 구성하고 조율하는 방식을 살펴보고, 스마트 도시가 어떻게 발전해 가는지 이야기해 보려 한다.

글 이지아

AIoT, 보이지 않는 건축재료

전통적으로 건축재료는 콘크리트, 유리, 철강과 같은 물리적인 요소로 이루어졌다. 현대에 들어서는 눈에 보이지 않는 새로운 건축재료가 등장했다. AIoT는 공간을 실시간으로 조정하는 역할을 하며 도시 전체가 지능적인 기능을 갖추도록 돕는 요소가 되었다.

예를 들어 '스마트 글래스Smart Glass'는 단순한 창문이 아니라, 실시간으로 외부 환경을 감지해 빛 투과율을 자동으로 조절하는 기능을 수행한다. IoT 기반 실내 공기질 센서는 공기질을 모니터링하고 실내 온습도를 자동 조절해 최적의 환경을 유지한다. 스마트 조명 시스템은 사람들이 움직이는 동선을 감지하여 조도를 조절하고 불필요한 에너지 소비를 줄인다.

즉, 과거 건축재료가 단순히 공간을 '만드는' 역할을 했다면, AIoT는 공간을 '제어하는' 역할을 수행하는 새로운 건축재료로 자리 잡고 있다.

스마트 도시 속 AIoT 기술 적용 사례

스마트 도시는 AIoT 기술을 통해 교통, 에너지, 환경, 보안 등 다양한 분야에서 실시간으로 데이터를 수집·분석하며 공간을 최적화한다. 국내외에서 실제로 구현된 대표적인 AIoT 스마트 도시 사례는 다음과 같다.

가장 가까운 사례로 우리나라 대전에서는 AI 기반 지능형 교통 제어 시스템이 시범 운영됐다. '도시교통 브레인(UNIQ, 유니크)'이라는 시스템이 도입되어, 교차로에서 실시간으로 교통 흐름을 분석하고 신호 체계를 자동으로 조정함으로써 차량 이동 시간을 약 15% 단축하는 효과를 보였다.

스웨덴의 칼스함Karlshamn시는 최신 AI 기술을 활용한 지능형 지역난방 시스템을 도입했다. 이 시스템은 가정, 임업, 산업 등에서 발생한 폐기물을 연료로 사용하며 AI를 통해 에너지 수요를 예측하고 최적화된 방식으로 공급한다. 특히 폐기물을 에너지원으로 활용함으로써 친환경적이며, 자원을 보다 효율적으로 이용할 수 있다는 점에서 지속가능한 스마트시티의 핵심 요소로 주목받고 있다.

또 다른 아시아 국가인 싱가포르의 풍골 스마트 타운Punggol Smart Town에서는 AIoT가 건물별 전력 사용량을 실시간 분석하고 가장 적절한 시간대에 에너지를 자동 배분한다. 또한 태양광 패널과 에너지 저장 시스템을 AI가 조정하여 도시 전체의 전력 사용을 최적화하고 있다. 이러한 기술들은 스마트 도시가 개별

ETRI 연구진이 개발한 도시교통 브레인UNIQ에 대해 논의하는 모습

싱가포르 풍골 타운

건축물에서 시작해 [스마트 빌딩 → 스마트 블록 → 스마트 시티]로 확장되는 과정에 있음을 보여준다.

스마트 도시의 미래와 지속가능성

1. 스마트 도시의 미래 전망

AIoT가 적용된 스마트 도시는 앞으로 더욱 발전할 것이다. 자율주행, 친환경 에너지 최적화, 초연결 공공서비스 등 새로운 기술이 점차 고도화되면서, 도시는 단순히 '스마트한 기술을 사용하는 공간'이 아니라 스스로 학습하고 최적화하는 '자율적 도시Self-Regulating City'로 변화할 것이다.

몇 가지 예를 들어보자면 자율주행 차량이 일상화되면 AI가 실시간으로 교통 흐름을 분석하여 신호를 조정하고 자율주행 차량과 대중교통을 유기적으로 연결하는 식의 도시 교통 최적화가 이루어질 것이다. 또한 현재의 에너지 관리에서 더 나아가 태양광, 풍력 같은 재생에너지 활용을 AI가 자동 조정하여 에너지 낭비 최소화하는 방식이 모든 건축물, 블록, 도시에 적용될 수 있을 것이다. 교통, 건물 등 물리적인 부분 외에도 AI가 도시민의 행동 패턴을 분석하여 도시 내 공공서비스가 실시간으로 제공되는 맞춤형 도시운영 또한 가능할 수 있겠다.

2. 성공적인 스마트 도시를 위한 제안

한편 스마트 도시를 성공적으로 구현하기 위해서는 기술적 발전뿐만 아니라 데이터 관리와 윤리적 문제 해결이 필수적이다. AIoT가 도시를 효율적으로 운영할수록 시민의 프라이버시 보호와 데이터 보안이 더욱 중요해질 것이다. 따라서 시민의 데이터가 안전하게 보호되도록 AI 기반 보안 시스템 구축이 병행되어야 한다. 또한 스마트 기술 자체의 공공성 확대를 위해 AIoT 기술이 특정 대기업 중심이 아닌 도시 전반에 공공서비스로 제공될 수 있도록 정책적 지원이 반드시 필요하다. 나아가 탑다운 방식의 스마트도시 조성이 아닌 시민이 직접 자신이 살아가는 도시를 만들어갈 수 있도록 시민 참여형 방식에 대한 고민이 요구된다.

마치며

도시는 우리가 살아가는 거대한 집이다. 벽이 있고 창이 있으며 길과 광장이 펼쳐진다. 그러나 이제 이 도시는 단순한 물리적 구조물이 아니다. AIoT라는 보이지 않는 건축재료가 스며들며, 도시는 우리를 감싸고 스스로 숨 쉬며 변화하는 공간이 되었다.

AIoT는 더 이상 먼 미래의 기술이 아니다. 지금 이 순간에도 도시 곳곳에서 우리가 인식하지 못하는 방식으로 공간을 조정하고 최적화하고 있다. 거리의 조명은 발걸음에 맞춰 밝아지고, 공기는 우리가 알아채기도 전에 깨끗하게 정화되며, 도시는 우리의 삶을 더욱 안전하고 편리하게 만들고 있다.

하지만 스마트 도시가 진정한 의미를 가지려면 기술이 아닌 사람을 중심에 둔 설계가 필요하다. 아무리 정교한 기술도 시민이 체감하지 못하면 의미가 없다. 우리가 스마트 도시를 만들고 그 도시가 다시 우리를 만든다. 미래의 스마트 도시는 단순한 기술의 발전이 아니라 인간과 기술이 공존하며 살아 숨 쉬는 공간이 될 것이다. 그리고 그 변화는 이미 우리가 살고 있는 이 도시 속에서 시작되고 있다.

도시교통 브레인 시스템이 적용된 대전광역시

이지아
한양대학교에서 도시공학 박사 학위를 취득하고 스마트 시티 및 도시 데이터 사이언스 분야를 연구하고 있다. 빅데이터·AI 기반 도시계획 지원 시스템과 공공 정보화 플랫폼 개발에 참여하며, 지속 가능한 도시 및 건설산업 발전 전략을 탐구 중이다. 도시 공간 관리와 스마트 기술 융합을 통해 실용적 정책 및 기술 솔루션을 제시하고 있다.

6

PRODUCT

Experience

국내 IoT 체험 공간 10

IoT 기술로 직접 공간을 제어하는 경험을 접하기는 쉽지 않다. 하지만 직접 기기를 사용해 보고, 그 편리함을 체감한다면 IoT 기술에 대한 이해도를 높이고 선택의 폭을 넓힐 수 있을 것이다. 이에 발맞춰 여러 기업은 자사의 기술로 구축한 스마트 생태계를 직접 체험할 수 있는 공간을 운영하고 있다. 또한, 정부 역시 더 나은 미래를 위한 체험 공간을 마련하고 있다. 오프라인 공간에서 직접 AI, IoT 등 새로운 기술을 경험할 수 있는 공간 10곳을 소개한다.

그라운드이이공
GROUND220

LG전자 제품을 자유롭게 즐길 수 있는 공간으로 220V놀이터를 지향하고 있다. 자유롭게 방문할 수 있으며, 클래스, 팝업, 소규모 커뮤니티 등 다양한 체험활동을 제공하고 있다. 단, 예약이 필요한 프로그램도 있으니 홈페이지를 살펴보며 원하는 프로그램을 예약한 후 방문하는 것을 추천한다.

운영시간	수요일-일요일: 12:00-20:00
문의	070-4855-0220
주소	서울시 영등포구 선유로 173 2층
공식 채널	lge.co.kr/lifesgood/ground220

삼성 강남

삼성전자의 플레이 그라운드라는 콘셉트의 체험 중심 플래그십 스토어다. 스마트싱스 체험, 포토 스팟, 사람처럼 대화하는 갤럭시 AI 쇼룸, 여러 주제의 클래스가 진행되는 오디토리움, AI 활용법을 배우는 스쿨, 강남대로 마천루를 감상할 수 있는 더월 등 다양한 체험이 가능하다.

운영시간	매일 10:00-22:00 *평일 19시 이후, 토요일 오후, 일요일, 공휴일은 방문 전 예약 필요
문의	02-3482-8388
주소	서울시 서초구 강남대로 411 삼성 강남
공식 채널	samsung.com/sec/samsungstore/gangnam

강남세움복지관 사랑人(in) 스마트홈

사전예약운영

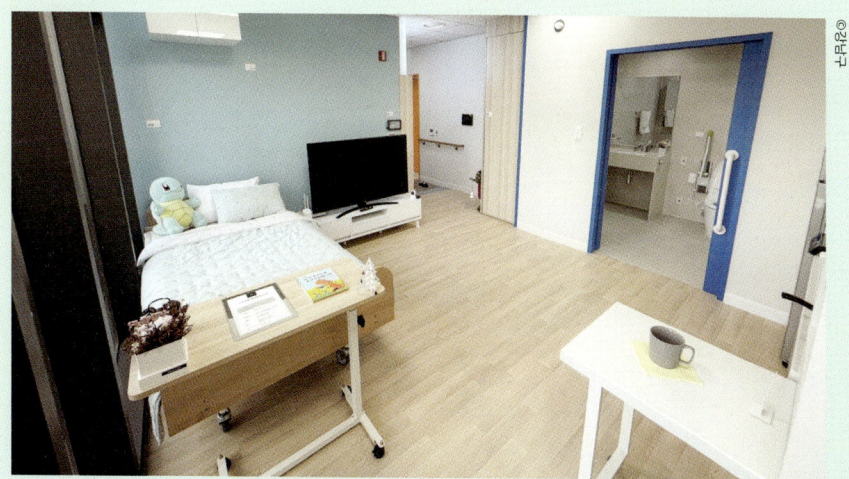

중증장애인의 편의를 위해 가전이나 가구에 IoT 기술을 접목한 스마트 홈 기기들을 전시한 공간이다. 높낮이 조절 싱크대와 전동 침대, IoT 조명 장치, 전동 빨래 건조대 등의 스마트 제품을 체험할 수 있다.

운영시간	화요일: 오전 11시, 오후 2시 / 목요일: 오전 11시, 오후 2시
문의	02-2184-8730/8744
주소	서울시 강남구 광평로 60길 22, 강남세움센터 5층
공식 채널	gangnam.go.kr/office/gnsewoom/main.do

서울디지털동행 플라자

시니어를 위한 디지털 복합문화공간이다. 디지털 일상생활을 지원하는 활동형 공간으로 디지털 문제 해결은 물론 맞춤형 교육과 취미 여가 활동을 즐길 수 있다. 장노년에게 디지털 쉼터를 제공하며 AI 바둑 오목, 키오스크 교육, 3D 체형 진단 분석기, 무인 사진관, 파크골프 등 여러 프로그램을 운영하고 있다.

운영시간	3~10월 월요일-토요일 9:00-19:00 / 11~2월 월요일-토요일 9:00-18:00 매주 일요일 정기휴무
문의	서북센터: 1566-2891 / 서남센터: 1566-2892 / donghang2024@gmail.com
주소	서북센터: 서울시 은평구 서오릉로 165 2층 / 서남센터: 서울시 영등포구 디지털로37나길 21
공식 채널	didong.kr

서울로봇인공지능 과학관

세계 최초로 로봇과 AI를 테마로 한 전시관으로 자율주행 자동차, 2족 보행 로봇, 로봇팔, 수술 로봇 등 로봇공학과 AI 기술을 선보인다. '끊임없는 변화와 혁신의 미디움Medium'을 콘셉트로 기술이 우리의 삶과 사회를 어떻게 변화시키는지 살펴볼 수 있다.

운영시간	화요일-일요일 9:30-17:30 / 매주 월요일, 신정, 설날, 추석 당일 휴관 *월요일이 공휴일인 경우 익일 휴관
관람료	성인(20~64세): 개인 2,000원, 단체 1,000원 / 어린이, 청소년, 65세 이상 성인: 무료
문의	02-920-4300
주소	서울시 도봉구 마들로13길 56 (창동)
공식 채널	science.seoul.go.kr/RAIM/index.do

서울 퓨처랩

사전예약운영

서울시에서 운영하는 미래 기술 집중형 체험 공간이다. 방문자들이 미래 기술을 직접 체험하고 아이디어를 공유하며, 새로운 기술을 창작할 기회를 제공하는 것을 목표로 한다. 뉴테크 체험관에서는 인공지능, 로봇 기술을 활용한 방탈출 게임, 로보틱스 자율주행 게임 등을 제공하고, 퓨처교육관에서는 가상 공간을 체험하며 미래 기술에 대한 이해를 높인다. 또한, 라운지에서 다양한 특강과 행사를 진행하고 있다.

운영시간	화요일-일요일 10:00-18:00 / 매주 월요일, 법정(임시)공휴일 휴관
예약 방법	yeyak.seoul.go.kr / *서울특별시 공공서비스 예약 사이트 – 서울 퓨처랩 검색
문의	02-2063-3461 / 카카오톡 채널 c11.kr / 퓨처랩문의
주소	서울시 강서구 마곡중앙5로 9, 지하 1층
공식 채널	gov.seoul.go.kr/futurelab

서울시 동북보조기기센터

사전예약운영

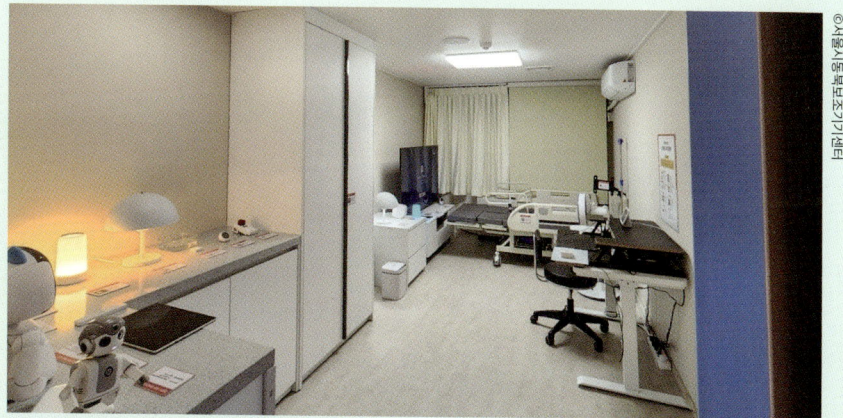

IoT 및 AI, 보조공학 기술을 융합한 스마트 IoT 전시 체험관을 운영하고 있다. 안구 마우스를 활용한 제어시스템, AI 인공지능 돌봄 로봇을 활용한 복약 알림 및 응급 상황 모니터링, 휠체어 사용자를 위한 스마트 옷장, 자동체위변환침대 등 기존 IoT와 보조공학 기술을 융합한 공간을 직접 체험해 볼 수 있다.

운영시간	매일 9:00-18:00 / 휴게시간 12:00-13:00 / 공휴일 휴관
문의	02-6926-6950
주소	서울시 노원구 덕릉로70가길 96, 지하1층
공식 채널	seoulats.or.kr

아카라라이프 공식 쇼룸

사전예약운영

예약제로 운영되고 있는 아카라라이프 공식 쇼룸에서는 아카라의 다양한 AIoT 디바이스를 만나볼 수 있다. 아카라 제품으로 이루어진 스마트 홈에서 다양한 자동화를 직접 체험해 볼 수 있다.

운영시간	월요일-금요일 10:00-16:00 / 매주 토, 일 정기휴무
문의	010-8487-0657
주소	서울시 서초구 서초대로74길 23 트라팰리스 906호
공식 채널	aqaralife.kr

안양시 스마트도시통합센터

사전예약운영

안양시의 스마트 도시 기술을 경험할 수 있는 홍보체험관을 운영하고 있다. 체험에는 미래 교통 자율주행 시뮬레이터, AI 기반 스마트 안전도로 체험, 안양시 초대형 디오라마 관람, 실감형 VR·XR, 안양시 자율주행버스 '주야로' 시승, 통합관제센터 견학 등이 포함되어 있다. 방문 전 도슨트 예약을 통해 여러 체험을 해보는 것을 추천한다.

운영시간	주간: 월요일-금요일 9:00-18:00 / 야간: 월요일-수요일 19:00-21:00 도슨트: 9:30 / 13:30 / 16:00 / 야간 19:00 *회차당 약 90분 소요
문의	031-8045-5252
주소	경기도 안양시 동안구 평촌대로 243번길 42
공식 채널	bis.anyang.go.kr

SKT 티움 T.um

사전예약운영

SK텔레콤이 운영하는 ICT 체험형 전시관으로 미래 기술을 직접 체험할 수 있다. 텔레커뮤니케이션, 테크놀로지의 '티 T'와 뮤지엄, 싹을 틔움의 '움 um'을 결합한 이름으로 'New ICT 기술로 미래의 싹을 틔우겠다'는 철학을 담고 있다. AI 기술과 산업의 융합이 만들어낼 미래를 보여주는 전시로 에너지 설비, 도시 농업, 헬스케어 등 미래도시 하이랜드를 선보이고 있다.

운영시간	월요일-금요일 10:00-18:00 / 주말, 공휴일, 근로자의 날, 매달 넷째 주 금요일 휴관
체험 대상	정부 기관 및 비즈니스 방문 목적의 기업 관계자 (최대 10명)
문의	02-6353-6665 / t.um@sktelecom.com
주소	서울시 중구 을지로 65 SK T타워 1층, T.um 안내데스크
공식 채널	tum.sktelecom.com/main.do

Supplement

IoT 업체 정보

IoT 제품부터 스마트 홈 컨설팅, 스마트 인테리어 시공, 플랫폼, 보안 등을 전담하는 국내 업체 정보를 수록했다. *가나다순

ABB코리아 ABB Korea

ABB는 스위스 취리히에 본사를 둔 전기화 및 자동화 기술 전문 기업이다. 130여 개국에서 사업을 운영하며 에너지 관리, 모션, 전기화, 공정 자동화 등의 분야에 솔루션을 제공한다. 건축 환경에서는 조명 제어, 빌딩 관리 시스템, 에너지 모니터링 등 스마트 빌딩 관련 기술을 통해 건물의 운영 효율을 높이는 데 기여하고 있다. 또한 전기 추진, 제어 시스템, 컨테이너 터미널 자동화 등 다양한 영역에서 사업을 전개하고 있다.

 ABB 그룹의 한국 현지 법인인 ABB코리아는 1988년에 설립됐다. 주요 사업 분야는 전기화, 공정 자동화, 모션, 로봇&자동화이며 국내 제조 및 인프라 산업에 다양한 솔루션을 공급한다. 본사는 서울시 강남구에 위치하며 천안에 엔지니어링 및 서비스 공장을, 부산에 지역 사무소를 두고 있다. 그 외에도 울산, 대구, 거제 등지에 기술 지원을 위한 거점을 운영하고 있다.

키워드	전기화, 자동화 솔루션, 모션, 로봇
연락처	1588-9907
이메일	contact.center@kr.abb.com
주소	(본사) 서울시 강남구 테헤란로 521 파르나스 타워, 9층 (공장) 충청남도 천안시 서북구 3공단 4로 49
공식 채널	new.abb.com/kr

기술은 사용자의 삶에 편리성과 지속가능성을 더하는 방향으로 나날이 진화하고 있다. 하지만 제아무리 기술이 발전해도 공간이 효율적으로 운영되지 않는다면 그 가치는 반감될 수밖에 없다. ABB는 최적화된 건물 운영을 돕는 솔루션을 통해 공간이 유기체처럼 작동하도록 한다. 다음 장에서 ABB의 제품과 솔루션이 적용된 사례 2가지를 소개한다.

브로비홀름 스마트시티

2023년부터 스웨덴 스톡홀름에서 서쪽으로 약 70km 떨어진 지역에 탄소 중립 스마트 시티 조성 프로젝트 '브로비홀름 스마트시티Brobyholm Smartcity'가 시작됐다. 그 과정에서 삼성전자 스마트싱스와의 통합 시스템으로서 ABB의 솔루션도 적용되었는데, 바로 주거용 건물에 최적화된 'ABB 프리앳홈®' 홈 오토메이션 솔루션이다. 매년 전 세계 이산화탄소 배출량의 40%가 건물에서 나온다는 문제에서부터 출발해 백색 가전, 가스, 에너지, 연기 센서, 보안 및 편의 시스템 모니터링 및 관리가 가능한 환경을 구축한 것이다. 모든 스마트 홈 제품과 장치는 삼성 스마트싱스 앱 또는 장치를 통해 원활하고 안전하게 연결된다.

모나 용평 루송채

강원도에 자리한 해발 1458m의 발왕산 전경을 품은 비즈니스 리조트 및 콘도미니엄, 루송채. 국내 종합 레저 전문 기업 '모나 용평'의 프리미엄 콘도인 이 공간에도 KNX 국제 표준 기반 스마트 홈 및 지능형 빌딩 시스템인 ABB i-bus® KNX 솔루션이 적용된다. 프리미엄 게스트 경험, 운영 효율성, 디자인 조화, 확장성 및 신뢰성을 갖춘 ABB i-bus KNX는 사용자 친화적 인터페이스와 고급스러운 디자인을 통해 스마트 빌딩의 편리성과 지속 가능성을 극대화한다. 아울러, 스위칭, 디밍, 블라인드 제어, 씬 설정 등 다양한 기능을 탭 또는 스와이핑으로 조작 가능한 1~4구 다기능 키패드 제품 'Trevion Keypad'가 설치되기도 한다.

©용평리조트

Supplement

그렉터 gractor

키워드	스마트 시티, 안전 관리, 스마트팜, 스마트 팩토리, 플랫폼, 에너지 관리
연락처	02-517-7740
이메일	gractor@gractor.com
주소	서울시 송파구 올림픽로 82, 3층 (잠실동, 현대빌딩)
공식 채널	gractor.com

(주)그립 grib

키워드	IoT 디바이스, AIoT, 플랫폼, 스마트 홈, 스마트 스토어, AI 서비스 개발
연락처	02-521-6542
주소	서울시 서초구 효령로 242, 서양빌딩 5층
공식 채널	grib-iot.com

노르마 NORMA

키워드	무선 네트워크 보안, IoT 보안 솔루션, 플랫폼, AI 서비스
연락처	02-923-1988
이메일	contact@norma.co.kr
주소	서울시 성동구 아차산로15길 52, 삼환디지털벤처타워 2층
공식 채널	norma.co.kr

달리웍스 Daliworks

키워드	AIoT, 플랫폼, 스마트 솔루션, 스마트 팜, 스마트 팩토리
연락처	02-2274-3254
이메일	contact@daliworks.net
주소	서울시 중구 수표로 12, 영한빌딩 6층 602호
공식 채널	thingplus.net

(주)라맥스 RAMAX

키워드	IoT 디바이스
연락처	02-849-1533
주소	서울시 금천구 디지털로9길 56 코오롱테크노밸리 4층, 410호
공식 채널	ramax.co.kr

메를로랩 merlot.lab

키워드	스마트 홈, 홈 IoT, 빌딩 IoT, 신재생 에너지, 스마트 조명
연락처	02-862-1700
주소	서울시 금천구 디지털로9길 68 (가산동), 대륭포스트 타워 5차 2002~2005호
공식 채널	merlotlab.com

(주)미소정보기술

키워드	AI, 데이터 플랫폼, 헬스케어 솔루션
연락처	02-2205-0551
이메일	biz@goqual.com
주소	경기도 과천시 과천대로 12길 117, G동 1402호
공식 채널	misoinfo.co.kr

브런트 주식회사 BRUNT COMPANY

키워드	라이프스타일 브랜드 편집샵(콜렉션비), IoT 디바이스 유통, 판매
연락처	1588-3998
이메일	brunt@brunt.co
주소	서울시 강남구 논현로 738 1~4층
공식 채널	브런트 컴퍼니: brunt.co 콜렉션비 COLLECTION.B: collectionb.cc

씨드앤 SeedN

키워드	AIoT, 에너지 관리, 에너지 솔루션
연락처	02-6052-1506
이메일	cs@seedn.co.kr
주소	서울시 성동구 왕십리로 115, 헤이그라운드 서울숲점 6층 605~7호
공식 채널	seedn.co.kr

(주)신아시스템 SiHAS

키워드	시하스, 자동제어, 스마트 홈, IoT 디바이스, 빌딩 통합 관리
연락처	070-5050-6600
이메일	sihas@shinasys.com
주소	경기도 안양시 동안구 벌말로 126, 평촌오비즈타워 3305호
공식 채널	sihas.co.kr

스마티파이

키워드	스마트 홈, 스마트 인테리어, 시공, 기술 교육
연락처	031-711-0333
이메일	brian@smartify.kr
주소	경기도 하남시 하남테크노밸리 U1센터 A-B116호
공식 채널	smartify.kr

심플랫폼 SimPlatform

키워드	산업용 AIoT 플랫폼
연락처	02-6925-4334
이메일	iot@simplatform.com
주소	서울시 금천구 가산디지털1로 226, 에이스하이앤드 타워 5차 2003호
공식 채널	simplatform.com

유메인주식회사 UMAIN

키워드	IoT 디바이스, 센서, 모니터링
연락처	1566-5363
이메일	sales@umain.co.kr
주소	대전시 유성구 온천로 59 동아벤처타워 504호
공식 채널	umain.co.kr

주식회사 고퀄

키워드	IoT 디바이스, IoT 솔루션, 스마트 인테리어
연락처	02-6951-5736
이메일	biz@goqual.com
주소	서울시 금천구 가산디지털1로 165, 1301호 (가산동, 가산비지니스센터)
공식 채널	goqual.com

코맥스 COMMAX

키워드	스마트 홈, 보안 솔루션, 플랫폼, AI, IoT 디바이스, 인터폰
연락처	031-731-8791
주소	경기도 성남시 중원구 둔촌대로 494
공식 채널	commax.com

코콤 KOCOM

키워드	스마트 홈, 보안 시스템, IoT 디바이스, 통합 솔루션, 리모델링
연락처	080-010-0111
이메일	kocom@kocom.co.kr
주소	경기도 김포시 고촌읍 아라육로 22, 코콤사옥
공식 채널	kocom.co.kr

한국주택정보

키워드	공동주택 관리 솔루션
연락처	1666-4100
이메일	contact@krhi.co.kr
주소	경기도 성남시 분당구 대왕판교로 815, 판교창조경제밸리 862호
공식 채널	krhi.co.kr

현대에이치티(주) HYUNDAI HT

키워드	스마트 홈, 스마트 보안
연락처	02-2240-9114
이메일	ht_info@hyundaiht.co.kr
주소	서울시 영등포구 여의대방로 107, 현대에이치티빌딩
공식 채널	hyundaiht.co.kr

GARM Magazine

GARM ISSUE 01

WOOD
목재

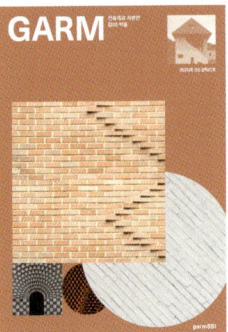

GARM ISSUE 02

BRICK
벽돌

GARM ISSUE 03

CONCRETE
콘크리트

GARM ISSUE 04

PAINT
페인트

GARM ISSUE 05

TILE
타일

GARM ISSUE 06

FLOORING
바닥재

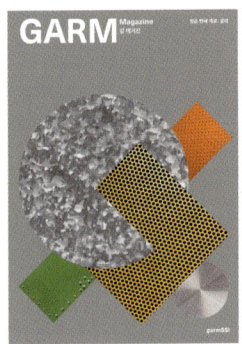

GARM ISSUE 07

STEEL
철재

GARM ISSUE 08

GLASS
유리

GARM ISSUE 09

STONE
석재

GARM ISSUE 10

WINDOW
창호

GARM ISSUE 11

LIGHTING
조명

GARM ISSUE 12

BUILT-IN FURNITURE
빌트인 가구

ISSUE 01–24

GARM ISSUE 13

ALUMINUM
알루미늄

GARM ISSUE 14

FABRIC
패브릭

GARM ISSUE 15

PLASTIC
플라스틱

GARM ISSUE 16

ARCHITECURAL HARDWARE
건축 하드웨어

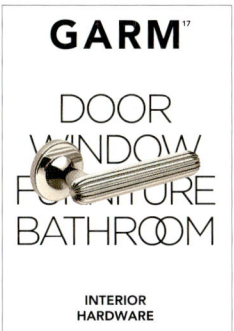

GARM ISSUE 17

INTERIOR HARDWARE
인테리어 하드웨어

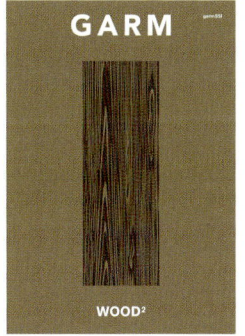

GARM ISSUE 18

WOOD²
목재²

GARM ISSUE 19

PAPER
종이

GARM ISSUE 20

LANDSCAPE I: Outdoor
실외 조경

GARM ISSUE 21

LANDSCAPE II: Indoor
실내 조경

GARM ISSUE 22

INSULATION
단열

GARM ISSUE 23

WATERPROOF
방수

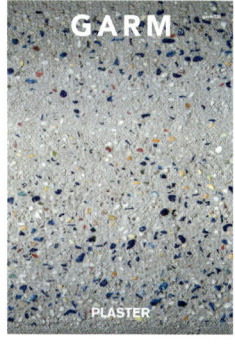

GARM ISSUE 24

PLASTER
미장

참고자료

정기간행물

- 강인성, 문진우, 박진철. 「최근 건축분야의 인공지능 기계학습 연구동향 - 국내·외 연구논문을 중심으로 -」. 『대한건축학회 논문집 구조계』 33, 4(2017): 63-68. DOI:10.5659/JAIK_SC.2017.33.4.63
- 양윤경, 박진철. 「인공지능 기반 헬스케어 건물의 에너지 효율 예측 모델」. 『설비공학논문집』, 34, 7(2022): 336-344. DOI:10.6110/KJACR.2022.34.7.336
- 양정순. 「인공지능 기반 도시공간 조명디자인 개발 방향에 대한 소고」. 『한국공간디자인학회 논문집』, 17, 8(2022): 341-352. DOI:10.35216/kisd.2022.17.8.341
- 오상훈. 「선형적 특징추출 방법의 특성 비교」. 『한국콘텐츠학회논문지』, 9, 4(2009): 121-130. DOI:10.5392/JKCA.2009.9.4.121
- 이미경, 김연정. 「주거 환경 변화에 따른 주거 공간 서비스 현황 분석 연구」. 『한국공간디자인학회 논문집』, 19, 8(2024): 239-252. DOI:10.35216/kisd.2024.19.8.239
- 이정재, 박병전. 「지능형 사물인터넷 동향에 관한 연구」. 『한국IT정책영영학회 논문지』 14, 2(2022): 2901-2906.

보고서

- TTA 정보통신단체표준 TTAS.KO-04.0020 구내용 LAN 설계 배선 표준

웹페이지 *가나다순

- 기획재정부 시사경제용어사전 moef.go.kr/sisa
- 서울특별시 seoul.go.kr
- 정보통신기술용어해설 ktword.co.kr
- 한경용어사전 dic.hankyung.com
- 한국정보통신기술협회 정보통신용어사전 terms.tta.or.kr
- Amazon Web Services aws.amazon.com
- Cloudflare cloudflare.com
- IBM ibm.com
- TEXAS INSTRUMENTS ti.com

건축재료 처방전

<감 매거진GARM Magazine>은 자신의 공간을 스스로 만들 수 있는
최소한의 방법을 안내합니다. 그 시작은 건축의 가장 작은 단위인
재료에 대한 고찰입니다.
'감'은 순우리말로 재료를 뜻합니다. 감의 씨앗인 '감씨garmSSI'는
감 매거진을 만드는 에잇애플8apple의 출판 브랜드로, 당신의 공간에
적합한 재료를 소개하고 더 나아가 개인의 창조력을 현실화하는
방법을 함께 논의합니다.